ハンディシリーズ
発達障害支援・
特別支援教育ナビ
柘植雅義◎監修

近藤武夫 編著

学校での
ICT利用による
読み書き支援

— 合理的配慮のための具体的な実践

- 近藤武夫
- 平林ルミ
- 太田裕子
- 村田美和
- 神山　忠
- 井上賞子
- 山口　飛
- 河野俊寛
- 丹羽　登
- 金森克浩
- 門目紀子
- 井上　智
- 高橋順治

金子書房

「発達障害支援・特別支援教育ナビ」の刊行にあたって

　2001年は，新たな世紀の始まりであると同時に，1月に文部科学省の調査研究協力者会議が「21世紀の特殊教育の在り方について～一人一人のニーズに応じた特別支援の在り方について～」という最終報告書を取りまとめ，従来の特殊教育から新たな特別支援教育に向けた転換の始まりの年でもありました。特に画期的だったのは，学習障害（LD），注意欠如多動性障害（ADHD），高機能自閉症等，知的障害のない発達障害に関する教育の必要性が明記されたことです。20世紀の終わり頃，欧米などの他国と比べて，これらの障害への対応は残念ながら日本は遅れ，国レベルでの対応を強く求める声が多くありました。

　しかし，その2001年以降，取り組みがいざ始まると，発達障害をめぐる教育実践，教育行政，学術研究，さらにはその周辺で深くかかわる福祉，医療，労働等の各実践，行政，研究は，今日まで上手い具合に進みました。スピード感もあり，時に，従来からの他の障害種から，羨望の眼差しで見られるようなこともあったと思われます。

　そして14年が過ぎた現在，発達障害の理解は進み，制度も整い，豊かな実践も取り組まれ，学術研究も蓄積されてきました。以前と比べれば隔世の感があります。さらに，2016年4月には，障害者差別解消法が施行されます。

　そこで，このような時点に，発達障害を巡る種々の分野の成長の全容を，いくつかのテーマにまとめてシリーズとして分冊で公表していくことは非常に重要です。そして，発達障害を理解し，支援をしていく際に，重要度の高いものを選び，その分野において第一線で活躍されている方々に執筆していただきます。各テーマを全体的に概観すると共に，そのテーマをある程度深く掘り下げてみるという2軸での章構成を目指しました。シリーズが完成した暁には，我が国における発達障害にかかわる教育を中心とした現時点での到達点を集めた集大成ということになると考えています。

　最後になりましたが，このような画期的なアイデアを提案して下さった金子書房の先見性に深く感謝するとともに，本シリーズが，我が国における発達障害への理解と支援の一層の深まりに貢献してくれることを願っています。

2014年9月

シリーズ監修　柘植雅義

Contents

第1章 ICTによる読み書き支援を学校で進めるために
.... 近藤武夫　2

第2章 能力評価とアセスメント
.... 河野俊寛・平林ルミ　18

第3章 通常の学級でのICT利用を円滑化するために
.... 丹羽　登　26

第4章 学校におけるICT導入の実際
.... 太田裕子　34

第5章 読み書き支援のリソースガイド
.... 金森克浩　41

第6章 障害のある児童生徒に対する学校や試験での
ICTによる配慮
.... 近藤武夫　47

第7章 小学校・中学校・高校入試でのICT利用の事例
平林ルミ・村田美和　50

第8章 高校・大学入試でのICT利用の事例
門目紀子・平林ルミ　61

第9章 読み書き障害のある成人への活用事例
—— 現在と過去を振り返って　77

1 当事者として教員としての半生の反省より
神山　忠　77

2 「学べる自分」を取りもどすまで
井上　智・井上賞子　84

第10章 通級・特別支援学級・特別支援学校での活用事例
—— 教師がどう関わったか　91

1 特別支援学級での活用 —— 中学への移行支援につなげて
井上賞子　91

2 通級指導でのICT利用
高橋順治　97

3 特別支援学校での学校図書館の活用
山口　飛　100

第1章

ICTによる読み書き支援を学校で進めるために

近藤武夫

　話をしていると受け答えもしっかりしている様子なのに，ノートや連絡帳に鉛筆で書いた文字は自分でも読めないほどに乱れてしまう生徒，教科書や試験問題を読もうと思っても，読み飛ばしや勝手読みがあったり，またそもそも文字として認識することが難しく内容を掴めない生徒がいる。そうした生徒の背景には，読み書きに特異的な障害がある場合がある。読み書き障害のある生徒にとって，情報通信技術（Information and Communication Technology；ICT）の活用は，学びの可能性と将来の社会参加の可能性を広げる重要な道具となりうる。この書籍には，ICTで発達障害のある児童生徒・学生の学びを支援することをテーマとして，事例や情報源を集めている。本章は「理論編」として，この書籍で扱う事例や論考で前提としている考え方について述べたい。

1 児童生徒自身がICTを使う主体であること

　この書籍では「障害のある児童生徒が，教室内でICTを利用すること」に軸足を置いている。通常学級での学びに代表される「通常の教育カリキュラム」に，障害のある児童生徒が参加するために，どのようにICTを利用するかについて考え，事例を知ることを本書の目的としている。読み書きに困難のある児童生徒は，他の生徒と同じように印刷物を読んで理解し，鉛筆を使って文字をつづることが難しい場合がある。文字の読み書き能力は学びの基盤に過ぎず，学年が進んでいくと，様々な知識を得たり，表現をしたり，知識や思考の方法を応用したりする課題に教育カリキュラムは進んでいく。また，試験などの評価を受けて選抜され，次の教育段階へ移行していく。しかし，文字の読み書きが難しいことが壁となり，その先の教育カリキュラムに参加が阻まれている生徒は

少なくない。

　そこで本書では，こうした壁を超えることを目指したICT利用の事例を集めている。それらの事例では，「教師または支援者が」生徒に教授・指導するためにICTを利用することをあまり強調せず，その代わりに，「読み書き等に困難のある児童生徒自身が」ICTを使うことを強調している。児童生徒は，教室での学びや試験に参加することを阻む壁を乗り越える道具としてICTを利用する。伝統的な一斉指導スタイルを採る教室環境を想定すると，ある一人の生徒だけがICTを使っている場面を想像することは難しいと感じるかもしれない。誰もが鉛筆で文字を書いている時に，一人だけキーボードで文字を入力している場面，他の生徒が紙の教科書に印刷された文字を音読している時に，一人だけタブレットに表示された文字を拡大したり，音声読み上げによって耳で聞いて理解している場面。これまでそうした活用法を試したことがない教師や支援者にとっては，一人だけ特別にこうした方法を採る生徒の姿を想像することが難しいかもしれない。しかし，インクルーシブ教育システム[i]に基づくこれからの教室では，障害のある児童生徒も，個別に必要かつ適切な環境の調整・変更を認められて，そこでの学びに参加することが当然のこととなっていく。今後，教室内で生徒一人だけが個別の特別支援ニーズを満たすためにICTを利用している風景は，もはや珍しいことではなくなっていくだろう[ii]。

　教育現場において，ICTは，教師が指導内容を生徒にわかりやすく提示するために使われてきた歴史がある。テレビモニターやOHP，実物投影機は電子黒板に置き換わり，教師による教材提示を助けている。また，1980年代頃からは，CAI（Computer Aided Instruction）と呼ばれる，コンピューターによる生徒への教授・指導が採られてきた。このような方法は，現在ではタブレット上で動作する教育アプリに姿を変え，教師による一斉指導や児童生徒の自学自習を助けている。しかしながら，合理的配慮の時代を迎える今，障害のある生徒の個別ニーズに対して，合理的配慮を提供する具体的手段としてICTが使われるケースが増えていくことが予期される。そのとき，ICTの利用主体は，教師ではなく児童生徒自身となる。

　支援技術（Assistive Technology；AT）という用語がある。障害により，社会参加する上で必要とされる何らかの機能に制限のある人々が，道具

(Technology)を使うことで，その制限を補って社会参加を実現したとする。そのとき，その道具は「支援技術」と呼ばれる[iii]。つまり，本書では，読み書き等に障害のある児童生徒自身が，一般的なICTを，支援技術として利用して社会参加することをテーマとして扱っていると言って良い。

図1-1は，読み書き等の困難のある児童生徒から見た，ICT利用のあり方を示したものである。図右側には「代替する機能」を示している。読むことに障害のある生徒であれば音声読み上げ機能を，書くことに障害のある生徒であれば，キーボードを利用したり，板書をカメラで撮影して記録する方法を図示している。ここに図示したいずれの機能も，近年のタブレットやノートパソコンに搭載されている一般的な機能ばかりである。本来，ICTという用語が指す製品は非常に多岐にわたるが，本書でのICTは，タブレットやノートパソコンを意味する場合が多い。

また，教科書や教材が紙の印刷物のままでは，タブレット等で音声読み上げをしたり，フォントの種類や文字の大きさを変更したり，行間を広げたりといったように，その生徒のニーズに合わせて読みやすく変更することが難しい。可

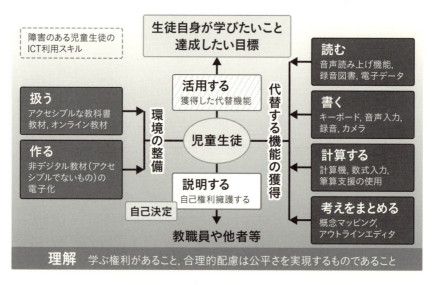

図1-1　読み書き等の困難のある児童生徒を主体としたICT利用のあり方

能なかぎり，変更が自由な電子データの形で，児童生徒に教科書や教材が届くことが望ましい。そこで図1-1の左側は，電子データの形で入手できる教科書・教材を提供する社会資源を扱うこと[iv]を意味している。とは言っても，教科書，教材，書籍，試験問題など，あらゆる紙媒体で流通している教材を，すべて電子データで手に入れることは難しい。そこで，紙しかない教材を，児童生徒本人が，タブレットのカメラ機能やスキャナ，OCR（光学文字認識）機能を使って電子化し，勉強や宿題に使うスキルも必要となることがある。こうしたスキルを生徒が身につけるためには，教科指導の工夫や代替機能の指導とは異なり，ICTの活用方法について一歩踏み込んだ指導が必要となる[v]。

2 機能代替アプローチを取ること

　本書では，障害のある児童生徒の読み書き等の困難さは，障害がその生徒の中に存在していることだけから生まれるものとは考えない。教室の環境や，教員や周囲の人々の態度が，障害のある生徒の参加を考慮していないことから生じているという考え方（障害の社会モデル）に立脚している。すなわち，後述する国連の障害者権利条約の障害の定義に依拠している。

　まず，私たちが「この児童は読み書きができない」というとき，「紙の教科書や試験問題を」読めない，「鉛筆を使って紙のノートや解答用紙に」文字や文章を書けない，というように，暗黙のうちに省略されてしまった前提がある。教室に紙と鉛筆以外の方法が用意されていない場合は，「読めないし，書けない」ことが当てはまり，印刷物や鉛筆の利用に困難のある生徒は，自然と教室での学びから排除されていってしまう。教師が支えなくてはならないのは，児童生徒の「学ぶ権利」であって，「紙と鉛筆を使えるようになること」ではない。その意味で，他の生徒とは全く別の方法で，「読む・書く」機能を実現し，その生徒の学びの機会を保障するアプローチが必要となる。

　読み書きの困難について言えば，米国や英国を中心として，「印刷物障害（Print Disabilities）」という用語が教育場面でよく使われている。この言葉は，「印刷物しか用意されていない環境では，読むことの障害が生まれてくること」を指している。印刷物を見ることが難しい視覚障害，ページめくりが難しい肢

体不自由，印刷された文字や文章の認識が難しい学習障害等が含まれるのが一般的である。つまり，社会環境がそうした障害のある人の参加を前もって考慮に入れて，準備しているかどうかによって，障害が生まれることを暗喩した用語である。このような「環境面の考慮がないことから障害が生まれてくる」という考え方がない場合，他の生徒と同じ方法で読み書きできるように訓練する「治療教育的アプローチ」が採られ，ICT利用などの「機能代替アプローチ」が生徒に提示されないことがある。しかし，他の生徒と同じ方法で読み書きすることだけがゴールになったとき，その生徒は学びの機会が得られなくなり，さらに皆と同じ方法で読み書きできない自分を否定して，自尊心や自己効力感が大きく損なわれ，学ぶこと自体を諦めてしまうことにもつながる。機能代替アプローチは，治療教育アプローチと対をなす形で，児童生徒が選ぶことができる手段として，教室に存在する必要がある。しかし，発達障害のある児童生徒に対して，機能代替アプローチを強調した書籍は少ない。そのため本書では，このアプローチに軸足を置いている[vi]。

3 合理的配慮としてのICT利用を考えること

　再び図1-1（4ページ）を振り返ろう。この図に示した概念を理解するためには，生徒自身に（そしてもちろん，教師や保護者にも），以下の理念がしっかりと理解・共有されている必要がある。まず「障害があろうと，あなたは学ぶ権利を持った存在なのだ」ということ。それから「たとえ他の人と方法が異なっていようと，ひとたび合理的配慮として認められたことは，あなたも平等に学びの機会を得られるように採られた方法であって，何も不公平なことではないのだ」という2つの考え方である。つまり，学ぶ権利と合理的配慮の考え方に基づいた公平性を理解し，関係者間で共有することが不可欠である。

　図1-1の右側に示した各種の代替機能や，左側の環境整備に挙げたことは，いわゆる合理的配慮として，学校から生徒に提供されることがあるだろう。しかし，教員や保護者，生徒自身が，合理的配慮を得ることを不公平と感じたり，他の生徒と同じ方法を採ることにこだわって，個別に認められた配慮を受け入れられない場合がある。もちろん，どのような配慮を学校に求めたいと考えるか

は，児童生徒自身が決めることであり，他者に強制されることではない。しかし，自分が必要とする配慮を決め，周囲にその配慮を求めたり，配慮の必要性を説明していくためには，多くの他の人々とは違う参加の仕方を認める考え方を，本人が理解しておく必要があるだろう。教室で配慮を求めていくためには，生徒がこうした理解に基づいて，代替機能の活用方法を身につけたり，環境調整の方法について把握しておくことが前提となる。紙と鉛筆を使った場合と比較して初めて，自分自身で効果の有無を主観的に理解することができる。自分にとってメリットがあると実感できていない方法を，最初から受け入れられる人はいないだろう。

　また，こうした代替機能の獲得や環境整備は，あくまでその生徒の学びを保障する手段に過ぎない。そのため，児童生徒自身が，将来の夢や社会参加に向けてどのような希望があり，それをどう達成するかを描いていく支援との共存が不可欠である。このような中長期的なゴールを設定すると，その生徒自身が，今何を学んでおく必要があるのかが見えてくる。その生徒が，自分の将来の夢や希望を叶えることに向けて，身につけるべきことを考えることなしには，今，どのような代替機能を身につけるべきなのかを決めることができない。例えば，書字障害のある生徒であっても「どうしても，半紙と筆を操る伝統的な書道家になりたい」というのであれば，手書きで文字をつづることに，学ぶエネルギーを費やしてもよいかもしれない。しかし「大学で物理学の研究をしたい」と考えている生徒であればどうだろうか。手書きよりもキーボードでの文字や数式の入力を活用した高度な学習の展開を考えたほうがよいという方針を，その生徒と保護者が早期に決める場合もあるだろう。

　このように，個別のニーズに基づいてICTを利用する場合，合理的配慮としてのICT利用を取り巻く制度的背景や，支援の具体例について理解を深めることが重要である。加えて，最終的にどのような合理的配慮を学校に求めたいのかは，本人・保護者が自己決定に基づいて選び取る必要がある。学校が本人の困難について理解や認識がない場合，学校に対して本人・保護者が，必要な配慮を積極的に求めていくこと（自己権利擁護：self advocacy）が必要となる場面もあるだろう。そのような場合，学校と本人・保護者の間で，困難の状況や合理的配慮の妥当性についての合意を形成する上で，適切なアセスメントが行

われていることが望ましい。標準化されたアセスメントを用いるなどして，客観的な指標に基づいて本人の特別支援ニーズを把握すること[注]で，合理的配慮のあり方を決める上でも，本人・保護者が自己権利擁護する上でも助けとなる。

4 合理的配慮までの日本の教育制度の歩み

　前節で述べたように，障害のある生徒それぞれの個別ニーズに向けたICTの利用は，「合理的配慮の具体的手段」として，日本でも一般的に認められるようになるだろう。合理的配慮の提供についての法的根拠となる法律としては，2016年4月に施行された障害者差別解消法が，学校現場に最も大きな影響を持つ。この法律は，国連で採択された障害者権利条約（以下，国連障害者権利条約）を基礎として，障害者への差別的取り扱いの禁止と合理的配慮の不提供の禁止の法的義務を定めたものである。これらの法律では「障害がある人が教育などの基本的な権利から排除されることがないように，平等な権利を保障すること」が強調されている。また，平等であることの考え方が，「全員同じ取り扱いをされること」ではなく，「合理的配慮があること（学校等にとって過重な負担とならないかぎり，障害のある児童生徒の個別のケースで必要とされる，適切な変更・調整をすること）」となる。また，「障害のある児童生徒は彼らのためだけに用意された特殊な場所で学ぶことを基礎に置く」のではなく，「障害のある人とない人がともに学ぶ仕組みに基礎を置く」，つまり，インクルーシブ教育システムが前提となる。

　差別禁止と合理的配慮の考え方は，教室での学習や試験の中で，障害のある生徒だけがICTを使うことを許容することと深く関係する。そのため，日本の特別支援の歴史的に新しいこうした考え方を理解しておくことは，ICT利用を考える上でも不可欠なことである。

　近年，通級指導を受ける生徒のうち，LDおよびADHDのある児童生徒数が最も大きな増加を示している。現在，小中学校で通級指導を受けている児童生徒数は83,750名とされる（文部科学省，2014）。特別支援教育が始まった2005年以降，通級指導の対象となる児童生徒のうち，言語障害及び難聴のある生徒数は大きな変化がないが，近年，LDやADHDのある児童生徒数はそれぞれ毎

年千人単位で増加し続けている。

　通級でのLDやADHDの増加の背景には，通常級にもLD等の発達障害のある児童生徒が相当数存在していて，潜在的な支援ニーズが知られるようになったことがある。文部科学省が行った調査（文部科学省，2002）により，6.3％程度の割合で，発達障害があることが疑われる児童生徒が通常級に存在することが示唆されたことは，通常級に在籍する児童生徒に特別支援が広がる大きな契機の一つだったと言えるだろう。その後の文部科学省での検討を経て，2005年には「特殊教育」という呼称は「特別支援教育」に改められ，通常の学校でも，通級指導教室等を活用することも組み合わせて，障害のある児童生徒の個々のニーズに応じた教育支援が行われることとされた。通常の小中学校にも，学校内の特別支援教育をコーディネートする「特別支援教育コーディネーター」と呼ばれる教員が配置され始めた。また，特殊学校は複数の障害種別を対象とすることができる特別支援学校に変更され，新たに地域の特別支援教育のセンター的な機能が追加された。同時期である2004年に施行された発達障害者支援法でも，LD等の発達障害のある人々に向けた診断や教育，就労，相談体制の構築などの充実が図られるようになった。このことも「見えない障害」「グレーゾーンの障害」などと呼ばれることもある発達障害のある人々の社会参加に向けた支援が広がる契機となった。

　さらに，日本では2012年以降，文部科学省により「インクルーシブ教育システム」の構築が始まった。この構築は，前述した国連障害者権利条約の批准に向けた取り組みとして始まった。批准の取り組みとして，日本政府は，権利条約と整合性が取れる形になるように，様々な形で国内法を整備してきた。2011年には障害者基本法を改正し，障害者への差別の禁止や，障害を社会モデルに基づいて理解すること，障害者への合理的配慮の提供を条文に加えた。また，2013年，障害者の差別的取り扱いの禁止と合理的配慮の不提供の禁止を定めた「障害者差別解消法」を成立させた。以上を受けて，2014年1月，日本政府は国連障害者権利条約を批准した。

　インクルーシブ教育システムは，障害の有無にかかわらず，差別なく公平な教育機会を保障することを基礎とする。日本では「義務教育（保護者が生徒に教育を受けさせる義務）」が強調されてきたが，国連障害者権利条約により児童

生徒本人の「他の子どもと同じように教育を受けられる権利」を保障する明確な枠組みが生まれた。地域の同世代の子どもや人々の交流等を通して，地域での生活基盤を形成するために，可能な限り共に学ぶことができるよう配慮することが求められている。その結果，障害のある児童生徒の個々のニーズに対する変更・調整を行う「合理的配慮」と，合理的配慮を円滑に実施するための基板として，多くの障害のある生徒たちが利用する可能性のあるものはできるだけあらかじめ準備しておく「基礎的環境整備」が，通常の教育場面でも求められるようになった[viii]。

障害者差別解消法は，2016年4月より施行され，障害者の差別的取り扱いと合理的配慮の不提供を法的に禁止している。また，障害者差別解消法を各学校で実施していくための文部科学省の対応方針が2015年11月に公開された。この基本方針は私立学校や文部科学省が管轄する事業者向けに公開されたものだが，障害者差別解消法の施行に向けたガイドラインは執筆時点ではこの文書のみである。そのため，すべての学校・大学にとって文部科学省の考え方を示した文書となっていると言えるだろう。

こうした法制度の改正により，障害のある生徒と保護者の意思を尊重する形で，通常級で合理的配慮を受けながら学ぶ障害のある生徒は，今後，増加していくことが予想される。

5 合理的配慮における合意形成とICT利用

米国の法律[ix]では，ICTなどの支援技術とそれを利用するためのサービスが障害のあるその個人に必要かどうかを考慮することが義務化されている。日本の法制度においては，そのような考慮義務を規定する法制度は存在してこなかった。しかし，国連障害者権利条約により，「支援機器等の研究開発や利用促進に関する一般的義務」が，条約を批准した国に生じることになっている。つまり，締約国である日本にもそのような一般的義務が生まれたことになる。

また，障害者差別解消法自体には支援機器に関する規定はないものの，内閣府が定めた「障害を理由とする差別の解消の推進に関する基本方針」では，事前的改善措置（公共施設や交通機関におけるバリアフリー化，意思表示やコ

表1-1　合理的配慮の具体例（一部抜粋）

○差別的取扱いの例
- 試験等において合理的配慮の提供を受けたことを理由に，当該試験等の結果を学習評価の対象から除外したり，評価において差を付けたりすること。

○合理的配慮の例
- 入学試験において，本人・保護者の希望，障害の状況等を踏まえ，別室での受験，試験時間の延長，点字や拡大文字，音声読み上げ機能の使用等を許可すること。
- 点字や拡大文字，音声読み上げ機能を使用して学習する児童生徒等のために，授業で使用する教科書や資料，問題文を点訳又は拡大したものやテキストデータを事前に渡すこと。
- 読み・書き等に困難のある児童生徒等のために，授業や試験でのタブレット端末等のICT機器使用を許可したり，筆記に代えて口頭試問による学習評価を行ったりすること。

ミュニケーションを支援するためのサービス・介助者等の人的支援，障害者による円滑な情報の取得・利用・発信のための情報アクセシビリティの向上等）を，環境の整備として行うことが重要事項として示された。また，文部科学省が2015年11月に公開した障害者差別解消法の対応指針においても，情報アクセシビリティの向上や支援機器の活用が盛り込まれた。この文部科学省対応指針には，合理的配慮の具体例が示されているが，その中には，教科書や試験問題の音声読み上げや，書字障害の支援としてのタブレットの利用，コミュニケーションエイドとしてのテクノロジーの利用など，テクノロジーの利用に関する多様な事例が記載されている。表1-1に読み書き支援としてのICT利用に関係すると思われるところを抜粋する。

表1-1では，授業であっても，試験であっても，タブレット等のICT利用により参加機会を保障する例が示されている。また，そうした変更・調整を合理的配慮として行った場合，不公平なことをしているのではなく，公平に参加保障するために配慮したのであるから，当然評価についても公平に受けられるべきという考え方が示されている。

障害者差別解消法とは直接の関わりはないが，文部科学省により2010年に公開された「教育の情報化に関する手引」には，様々な障害のある生徒への特別支援教育においての，ICT活用の詳細な解説が掲載されている。この手引自体は，法的な拘束力は持っていないが，日本国内の初等中等教育機関におけるICT利用の方向性を示した文書であり，特別支援ニーズのある児童生徒へのICT利用を促進する影響を与えていると言っていいだろう。

　また，ICTを用いた文字通訳やノートテイク，その他の支援技術の利用は，日本国内でも障害のある学生の支援を積極的に行ってきた歴史のある大学では，米国等と同様に一般化していると言ってもいいだろう。この点では，日本では，初等中等教育の通常学級よりも，高等教育において，国際的な基準に則った，合理的配慮が行われていると言ってよい。しかし，LDのある学生の読み書きの障害を保障するために，ICTの利用を認める支援は未だ一般化していない。国内のすべての高等教育機関を対象とした調査（日本学生支援機構，2014）によれば，大学で支援を受けて学ぶLDのある学生は，国内の全学生約320万人に対して，72名に留まっている。この状況は，英国や米国の大学では，支援を受ける障害のある学生のうち，最も高い比率を占める障害種別がLD等であることと比較すると，日本は統計上，米国とは全く異なる状況にあると言ってよい。

　しかし，状況は変わりつつある。日本に差別禁止と合理的配慮という概念が導入されたことで，今後は，たとえ一人だけへの対応であっても，合理的配慮を行って，障害のある生徒も他の生徒と同じように学習や試験などの機会に平等に参加できるように変更・調整することに力点が置かれるようになる。保障すべきは，「参加形式が平等であること」ではなく「参加の機会が平等であること」になる。障害者差別解消法の施行後は，こうした考え方が広く知られるようになるだろう。その結果として，入試や通常学級での学習においても，合理的配慮としてICT利用が認められる事例が一般化していくことが期待される。

　ただし，上記のような合意形成を行うためには，学校内に本人と学校側との合意形成を支える仕組みが必要である。この合意形成の仕組みづくりの必要性については，文部科学省基本方針にも言及されている。以下の図1-2は，基本方針に示された，初等中等教育における合意形成の過程を図示したものである。学外には各種の組織が障害のある幼児・児童生徒の権利保障を支える窓口とな

る。学内では，特別支援コーディネーターが中心となって合意形成を進める必要がある。今後，こうした立場に就く教員は，ICT利用による機能代替アプローチについても知識を持っておく必要がある。

6 ICT利用を支える専門家の必要性

本章では，児童生徒が自分自身でICTを使い，自分に適した学び方を身につけ，教室に参加していくことと，それを取り巻く考え方（機能代替アプローチ，

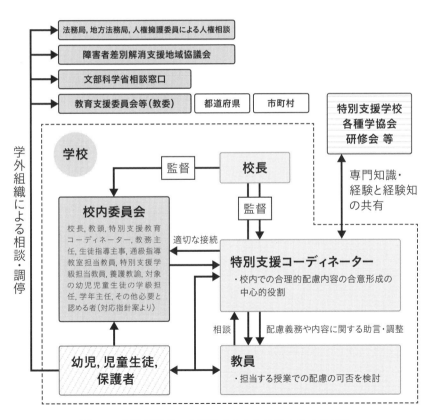

図1-2　合理的配慮の合意形成を支える学内外の仕組み

障害の社会モデル，インクルーシブ教育システム，差別的取扱いの禁止と合理的配慮，自己権利擁護，合意形成の仕組み）についてまとめた。

　ICT利用が認められることは，教室での学ぶ権利を保障することから始まって，進学時の受験選抜，資格試験など，その後の社会参加に影響する能力評価の場面でも大きな意味を持つ。社会的障壁をなくすことに働きかけるICTの利用は，やがて障害のある児童生徒の自立生活の幅を広げ，その個人の生涯に渡る社会参加を支えるツールとなる。

　ここまでに，障害のある児童生徒自身が，ICTによる機能代替を獲得することについて述べてきた。しかし，教育現場で質の高いICT支援を行うためには，これに加えて，児童生徒のICT活用のスキル獲得を支え，また，ICTによる機能代替を受け入れられるよう，学校や教員を支える専門性を持った教員（ここでは米国での類似した職種名である支援技術スペシャリストという名称を借りた）を育てることが必要となるだろう。

　図1-3にまとめたように，教室での機能代替について助言・準備・指導を行うことや，教師や生徒自身が自作しなくても，便利な教材を手に入れられる社会資源を利用する支援，生徒本人の将来の目標を見据えた活用支援，生徒の権利に基づいたICT利用の理解啓発の支援，アセスメントによって生徒のICT利用の適格性を示すことで，学校にニーズを説明する支援など，支援技術スペシャリストの行うべきことには高い専門性が必要となる。こうした必要性は，児童生徒が身につけるスキルを示した図1-1（4ページ）の内容を，ちょうど支える形で対応している。専門的なスキルを持つ教員が学校または教育委員会等に所属し，各校の特別支援コーディネーター等と連携しながら学区内の巡回指導ができる体制が整えば，本書で例示し議論するICT利用が現実的に進んでいくだろう。

　また，そうした体制が整った後には，単に生徒が教室にいられるように支援するだけではなく，教科担任と連携して，更に高度な教科学習を，生徒がICT等の代替手段を使って学ぶことを支える必要がある。総じて，障害のある児童生徒の背景には，周囲の人から受ける期待が低い（Burgstahler, 2013）ことがある。読み上げで最低限の内容に触れられるようにするだけに留まらず，高度な文章構成や内容理解，数学的概念の理解と利用など，より高度な学習へ進

めていく方法についても実践を積み重ね，教育機会と生徒への期待を最大化していく必要がある。

7 おわりに

　教室でのICT利用は，「教えるために教師が使う道具」から「自ら学び生きるために生徒が使う道具」へ変わっていく。格差や障壁を越え，誰もが適切な学びの機会を得て，障害の有無にかかわらず子どもたちが未来に夢を描ける社会を作るために行うべきことはおそらく無数にあり，尽きることはないかもしれない。しかし，適切なICT利用により学ぶ権利を保障することは，その一つとして間違いなく必要であり，またすでに実現可能なことでもある。ICT利用を特別なことと捉えるのではなく，子どもの学びを最大化するための一般常識として，教育現場でも準備を整える必要がある。

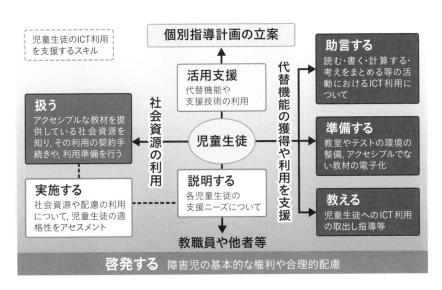

図1-3　支援技術スペシャリストの障害のある児童生徒のICT利用を支援するスキル

【引用・参考文献】

Alper, S., & Raharinirina, S. (2006) Assistive technology for individuals with disabilities: A review and synthesis of the Literature. Journal of Special Education Technology, 2, 47-64.

Burgstahler, S. (2013) LD のある生徒の社会的成功を促すために―配慮の提供，移行支援，テクノロジーの利用，ユニバーサルデザインを通して―，LD 研究，22（1），10-20.

DO-IT (2012) Working Together: Faculty and Students with Disabilities. http://www.washington.edu/doit/working-together-faculty-and-students-disabilities

近藤武夫（2012）読むことに障害のある児童生徒がアクセス可能な電子教科書の利用 ―日米の現状比較を通じた今後の課題の検討―，特殊教育学研究，50（3），247-256.

文部科学省（2014）平成 26 年度通級による指導実施状況調査結果.

文部科学省（2002）通常の学級に在籍する特別な教育的支援を必要とする児童生徒に関する全国実態調査.

日本学生支援機構（2015）平成 26 年度（2014 年度）障害のある学生の修学支援に関する実態調査.

Wallace, J. F., Flippo, K. F., Barcus, J. M., & Behrmann, M. M. (1995) Legislative foundation of assistive technology policy in the United States. In Flippo, K. F., Inge, K. J., Barcus, J. M. (Eds.), Assistive technology: A resource for school, work, and community, Baltimore: Brookes. pp. 3-21.

※注釈

（ⅰ）後述する「合理的配慮までの日本の教育制度の歩み」（8 ページ〜）を参照.

（ⅱ）第 4 章において，通常の学級内で読み書きを保障する目的で，特定の児童がタブレットを利用するための学校運営について紹介している.

（ⅲ）米国の個別障害者教育法（Individuals with Disabilities Education Act, IDEA）では，AT は「AT 装置」と「AT サービス」の 2 つの点から定義されている．AT 装置とは，「既製品であるか否か，改造または特注であるか否かにかかわらず，障害児の機能的な能力を向上させ，維持し，また改善するために用いられる製品，機器の一部，またはシステム」，AT サービスとは，「AT 装置の選択，入手，利用について障害児を直接的に支援する関連サービス」と明記された（IDEA，2004，第 612 条（2）項）．こうして米国での AT は，装置のみではなく，その活用を支えるサービスとの組み合わせから構成されてきた．また，障害児それぞれに個別の教育プログラム（Individualized Education Program, IEP）を立案する過程では，個々のニーズに合わせた環境の調整と変更のため，これら AT 装置・サービスを考慮することが義務化されている（Alper & Raharinirina, 2006）．1980 年代以降，障害者が自立を目指す上で，それまでの医療モデルに基づいた政策から，障害者が学校や職場，地域において，テクノロジーを活用して自立することを目指した政策へと方針転換が行われた（Wallace, Flippo, Barcus, & Behrmann, 1995）．いわゆる健常な状態を目指した治療的な訓練のみでなく，障害者自身が AT を活用して参加できる活動を増やし，自立へ向かうという考え方が，米国では障害者の権利として法的背景を伴って早期から存在していたことを意味して

いる（近藤，2012）。
(iv) 第5章において，教材等を入手するための多様な社会資源について紹介されている。また，第10章の3では，特別支援学校で，障害のある児童生徒が利用できるよう配慮した教科書・教材を準備する取り組みについての例が紹介されている。こうした準備は今後多くの通常の学校でも必要となる。
(v) 後述する「ICT利用を支える専門家の必要性」（6ページ～）においてこの点について触れている。
(vi) 第3部の事例では，「読むこと・書くこと」等のいずれかまたは複数に障害のある児童生徒が，ICTを利用することで「読む・書く」ことを必要とする教室での学習や試験に参加する事例が登場する。
(vii) アセスメントの考え方と実際については，第2章で紹介されている。
(viii) 近年，学びのユニバーサル・デザイン（Universal Design for Learning：UDL）という概念が知られるようになってきた。UDLの本質は「できる限り多様な方法で参加することを許容できる環境を前もって作っておくこと」にある。つまり，基礎的環境整備の考え方にも通じる。障害のある生徒だけが合理的配慮としてICTを利用するときにも，個別のバリアをなくす合理的配慮（≒バリアフリー）という方法を受け入れる学校環境を作る基礎的環境整備（≒UDL）が必要となる。合理的配慮と基礎的環境整備の両方は，インクルーシブ教育システムを実現する上で，車の両輪のように不可欠なものといえる。
(ix) リハビリテーション法508条や，Assistive Technology Act，また個別障害者教育法（IDEA，Individuals with Disabilities Education Act）に規定された個別教育計画を立案する際の考慮。

第2章

能力評価とアセスメント

河野俊寛・平林ルミ

1 はじめに ── 支援のための2つのアプローチ

　ICTを活用した読み書きの支援を行うにあたっては，読み書きの困難さを評価してから支援を行うアプローチと，可能な支援をまず実施し，その反応から読み書き困難の評価を行うというアプローチの2つがある。

　本章では，まず，「評価から支援へ」というアプローチについて説明し，次に，「支援から評価へ」というアプローチについて説明する。

2 「評価から支援へ」というアプローチ

（1）読み書きに必要な認知能力のアセスメント

①視覚認知の評価

　視覚認知のアセスメントは，学校現場では一般的にフロスティッグ視知覚発達検査（DTVP）が使用されている。しかし，この検査は，適応年齢が7歳11ヶ月までであるため，読み書きの困難が明らかになりやすい3年生以降で使用できなかったり，比較的軽度の視覚認知の困難は検出できなかったりするため，読み書き困難のある子どもの支援のための評価としては使う場面が少ない検査である。

　現在，フロスティッグ視知覚発達検査は第2版（DTVP-2）に改訂されており，適応年齢は10歳までに延びており，下位検査も5から8へと増えて，より細かくより妥当性のある視覚認知の評価ができるようになっている。しかしながら，日本語訳がされていないため，英語版の標準値を使うか，三浦・奥村・

今村・中西（2009）が試案として示している値を使うしかない，という現状である。

　読み書き障害の研究者は，視覚認知の評価にはレイの複雑図形検査（ROCFT）を実施することが多い。この検査は，34本の線分と内部に3つの点を持つ円で構成される無意味で複雑な図形を見ながら描く模写，その直後に図形を見ないで思い出して書く直後再生，30分後に再び図形を見ないで記憶を頼りに再生する遅延再生の3試行で構成されている。

　採点の方法は，模写，再生テストとも18の採点部位について2点満点（正確な形で正確な位置に描かれていれば2点，正確な形で不正確な位置に描かれていれば1点，不正確な形で正確な位置に描かれていれば1点，形も位置も不正確でも描かれていると認められれば0.5点，描かれていなければ0点）で評価する36点法が一般的である。

　しかし，この検査は，DTVP-2と同様に英語版しかなく，英語版の標準値を参考値として使うか，あるいは，服部・加藤・山口・水野・中村（2000）が出している，小学1年生から4年生までの，視写と直後再生の平均値と標準偏差を使うかしかない。また，採点に慣れが必要であることもあり，学校現場等では少し使いにくい検査である。

②音韻意識の評価

　音韻意識とは，話されている言葉についてその意味だけではなく，音韻的な側面に注意を向け，その音を操作する能力のことをいう。音韻意識は，分解，抽出，削除，逆唱等ができるかどうかで評価できる。英語圏では，Comprehensive Test of Phonological Processes（CTOPP），The Phonological Awareness Test（PAT），Pre-Literacy Skills Screening（PLSS）等の検査がある。

　しかし，現在の日本には，音韻検査は標準のものはない。研究としては，深川・窪島（2014）がまとめているように，数多くの音韻評価の試みがある。しかし，標準値と標準偏差が報告されているものはほとんどない。そのため，平均値と標準偏差が示されている宇野彰らの報告（厚生労働科学研究平成14年度研究報告）の，平均値と標準偏差が示されている音韻検査が，臨床現場では使

われていることが多い。

③知的能力の評価

　学習障害が含まれる発達障害という用語は，日本での使用と，アメリカ精神医学会が出している診断基準であるDSM-5（Diagnostic and Statistical Manual of Mental Disorders, Fifth Edition）では異なっている。

　DSM-5では，神経発達症群／神経発達障害群という分類があり，知的能力障害群，コミュニケーション症群／コミュニケーション障害群，自閉スペクトラム症／自閉症スペクトラム障害，注意欠如・多動症／注意欠如・多動性障害，限局性学習症／限局性学習障害，運動症群／運動障害群，チック症群／チック障害群，他の神経発達症群／他の神経発達障害が含まれている。すなわち，DSM-5の神経発達障害群には，知的能力障害群として，知的障害も含まれている。

　これに対して，日本でいう発達障害は，発達障害者支援法に，「自閉症，アスペルガー症候群その他の広汎性発達障害，学習障害，注意欠陥多動性障害その他これに類する脳機能の障害であってその症状が通常低年齢において発現するものとして政令で定めるもの」と定義されている。その中の，読み書きに困難がある障害は学習障害であり，その定義は，1999（平成11）年7月の「学習障害児に対する指導について（報告）」の中に，「学習障害とは，基本的には全般的な知的発達に遅れはないが，聞く，話す，読む，書く，計算する又は推論する能力のうち特定のものの習得と使用に著しい困難を示す様々な状態を指すものである。学習障害は，その原因として，中枢神経系に何らかの機能障害があると推定されるが，視覚障害，聴覚障害，知的障害，情緒障害などの障害や，環境的な要因が直接の原因となるものではない。」とある。すなわち，知的障害は含まない，ということが明記されている。したがって，日本で使われている発達障害，特に読み書きの困難が症状となる学習障害においては，知的障害でない，ということを確認するために，知的能力の評価が必要になる。

　知的能力の評価は，知能検査で行う。知能検査としては，WISC-Ⅳ，KABC-2，田中ビネー知能検査，レーヴン色彩マトリックス検査等が使われることが多い。WISC-Ⅳは，医療現場や教育現場で広く使われている。KABC-2は，K-ABCの改訂版で，後で説明があるように，読み書きの評価が加わった。そ

のため，KABC-2だけで知的能力と読み書きの評価が可能となっている。田中ビネー知能検査は，就学判定では使われているが，それ以外では使用頻度が少なくなっている。レーヴン色彩マトリックス検査は，医療現場では，認知症と失語症の鑑別等に使われているが，教育現場での使用は少ない。

なお，かつては，WISCの言語性IQと動作性IQの乖離をもって学習障害の根拠とする主張があったが，読み書きの評価は，以下で説明するように，読み書きの正確さと流暢さを測定しなければ原理上できないので，読み書きの検査を含まないWISCだけで学習障害と評価することは不可能である。学習障害の評価には，以下の読み書きのアセスメントは必須である。

（2）読み書きのアセスメント

学習障害における読み書きの困難さは，読み書きの正確さと流暢さの困難である（河野，2012）。したがってその評価は，当然読みと書きのそれぞれの正確さと流暢さを測定することになる。つまり，どれだけ正しくすらすらと読み書きできるかどうかを計る。正確さは，正答数か誤答数で示される。流暢さは，1分間に読める文字数，書ける文字数で示される。つまり結果は数字で示される。その結果を，学年（または年齢）平均と比較して判定するだけである。

以下に，現在日本で使用できる標準化されたアセスメントツールについて説明する。

① URAWSS（ウラウス）

「小学生の読み書きの理解」（Understanding of Reading and Writing Skills of Schoolchildren）。読み書きの正確さと流暢さのうち，読み（黙読）と書きの流暢さ（速度）が測定できる。対象は，小学1年生から小学6年生までである。

書字課題は，各学年用の2つの文章をそれぞれ3分間視写し，1分間の書字数を書字速度としている。読み課題は，1つの短文を黙読する時間を測定し，1分間に読める文字数に換算し，読み速度としている。読み課題には，内容を問う問題が6問設定されている。実施は，個別でも集団でも可能である。集団で読み課題を実施する場合は，開始10秒後に，「やめてください。ちょうど読んで

いたところに，線を引いて下さい」と指示を出し，その10秒間で読めた文字数から1分間の読字文字数を計算する。標準的な実施時間は約40分であり，小学校の1校時内で終了する。判定は，各学年の標準値と標準偏差と比較して行う。

カットオフ値は，標準値と1.5標準偏差以上の差としている。「手引き」には，検査者がいちいち計算しなくてもよいように，平均以上の場合の値，1標準偏差以上の差の場合の値，1.5標準偏差以上の差の場合の値が学年ごとに記載された表が書字速度及び読み速度とも載せてあるので，簡単に判定できる。

② STRAW（ストロー）

「小学生の読み書きスクリーニング検査」(Screening Test of Reading and Writing for Japanese Primary School Children)。読み書きの正確さと流暢さのうち，読み（音読）と書きの正確さが評価できる。対象は，小学1年生から小学6年生までである。

課題は，ひらがな1文字とカタカナ1文字それぞれ20字の書き取り（聴写）と音読，ひらがな単語，カタカナ単語，漢字単語，それぞれ20語の書き取り（聴写）と音読を実施する。課題は基本的に各学年毎に設定されている。1年生は，ひらがなのみの課題である。判定は，正答数を，各学年の標準値と標準偏差と比較して行う。カットオフ値の基準は明記されていない。しかし，著者の宇野は，Uno, Wydell, Haruhara, Kaneko, Shinya（2009）では，1.5標準偏差以下という基準を採用しているので，STRAWにおいてもマイナス1.5標準偏差をカットオフ値とすればよいと思われる。

なお，流暢さに関しては，読み書きとも3秒以上の遅延があった場合は記載することになっているが，標準値等は記載されていないため，厳密には流暢さは評価できない。

改訂版のSTRAW-Rが今後出版予定である。STRAW-Rでは，正確さと流暢さの両方が，小学1年生から高校3年生まで測定できるようになる。

③ 稲垣ガイドライン

「特異的発達障害診断治療のための実践ガイドライン」。読み書きの正確さと流暢さのうち，読み（音読）の正確さと流暢さが評価できる。算数障害の評価

もできる。対象は，小学1年生から小学6年生までである。算数障害の評価ができる検査は，本検査しかない。

　読みの評価は，50字の単音連続読み検査，有意味単語と無意味単語それぞれ30語の速読検査，3つの単文の音読検査を実施する。判定は，速度（読み時間）と読み誤りの数を，学年ごとの標準値及び標準偏差と比較して行う。カットオフ値は，2標準偏差以上の差となっている。評価する際の注意事項としては，低学年の標準値が高い，ということである。

　なお，本検査が現在唯一，医療機関での医科診療報酬点数化されている。

④ KABC-2

　KABC-2には，習得度尺度として，読み書き尺度がある。この尺度は，読み尺度と書き尺度の2つで構成されている。

　読み尺度は，文字の読みや文の読解力等がどの程度かを示すものである。検査では，提示されたひらがな，カタカナ，漢字を声に出して読むことが求められる。その結果，ひらがなやカタカナ，漢字がどの程度読めるのか，また短文や文章はどの程度理解できるのかを示すことになる。

　書き尺度は，文字の書きや作文力がどの程度かを示している。検査では，ひらがな，カタカナ，漢字を書くことが求められる。その結果，ひらがなやカタカナ，漢字がどの程度書けるのか，また短文はどの程度書けるのかを示すことになる。

　本検査と前掲2つの検査との違いは，文章の内容理解能力と作文能力も計ることである。前掲2つの検査は，読み書きの正確さと流暢さを測定しており，文字と音との変換という低次の読み書きの評価を行っている。本検査で評価している，文章内容理解や作文能力のような高次の読み書き能力とは別であることは理解しておく必要がある。

3　支援から評価へというアプローチ

　このアプローチには，米国においてはRTI（Response to instruction）モデルという確立したモデルが存在する。米国では，評価から支援へというアプ

ローチであり，知能指数（IQ）と学習の解離を基準とするディスクレパンシーモデル（IQ-achievement discrepancy model）がまず導入され，その後，RTIモデルが加えられた。

ディスクレパンシーモデルは，IQと学力の解離が生じていなければ学習障害と判定されないため，読み書きに困難のある子どもに対して，予防的介入ができないという問題点があった。これに対してRTIモデルでは，最初から支援を行うために，予防的介入が可能である。RTIモデルでは，先行研究で一定の効果が明らかになっている介入を，学習の遅れの兆候を示す子どもに対して集団で実施し，その介入に対する効果を測定した上で，効果がない場合には次の介入を行い，さらに効果が得られない場合には，より手厚い個別指導（Special Education）に移行していくという段階をとる（Speece, Case, Molloy, 2003）。

RTIモデル自体は，具体的介入をICTに絞っているわけではなく，科学的エビデンスのある介入を段階的に試していくという思想に基づく広い概念の手法である。しかし，困難が生じている背景要因の特定から出発する評価ではなく，介入の効果をみていくという意味でICT活用と適合性が高い。

米国においては，すでにICT活用の効果をRTIモデルの枠組みで評価できる評価ツール，例えば，uPAR（Universal Protocol for Accommodations in Reading；Don-Johnston社製）がある。これは，自力での黙読と第三者の代読，コンピューターの合成音声による読み上げという3条件において，読解レベルを測定することができるオンライン評価システムである。

日本においても，ICT機器の利用効果を検討した研究がいくつか報告されている（村田・武長・新谷・巌淵・中邑，2012；平林・中邑，2013）。しかし，他者と比較して集団内の順位づけがされる試験においては，試験にICT機器を持ち込むことで他の児童生徒との公平性などのコンフリクト（競合・衝突）が生じる（近藤，2012）。したがって，ICT機器の利用効果の評価に加え，評価から支援へというアプローチの説明で取り上げた，認知特性評価および読み書き評価を実施し，その児童生徒が，ICT機器を用いて試験を受けることに適合性があるかどうか総合的に検討することも必要であろう。

【引用・参考文献】

深川美也子・窪島務(2014)幼児の音韻意識の発達とひらがな読み書き習得の関係についての予備的研究．実践センター紀要，22，41-47．

服部淳子・加藤義信・山口桂子・水野貴子・中村菜穂(2000)日本の小学生の視覚認知能力の発達評価に対する Rey-Osterrieth Complex Figure Test の妥当性について．愛知県立看護大学紀要，6, 19-25．

平林ルミ・中邑賢龍(2013)読み書き障害のある中学生に対する定期試験における配慮—個別評価に基づき代替措置を求めた事例—．臨床発達心理実践研究, 8, 62-72．

近藤武夫(2012)読み書きできない子どもの難関大学進学は可能か？, p.93-111. 中邑賢龍・福島智(編)(2012)バリアフリー・コンフリクト：争われる身体と共生のゆくえ，東京大学出版会．

河野俊寛(2012)読み書き障害のある子どもへのサポートQ&A, 読書工房．

三浦朋子・奥村智人・今村佐智子・中西誠(2009)DTVP-2の日本における定型発達児の学年推移．日本LD学会大会発表論文集, 18, 253．

村田美和・武長龍樹・新谷清香・巖淵守・中邑賢龍(2012)学力テストのインタフェースに関する検討．ヒューマンインタフェース学会研究報告集, 14, 7-12．

Speece, D.L., Case, L.P., Molloy, D.E. (2003) Responsiveness to general education instruction as the first gate to learning disabilities identification. Learning Disabilities Research & Practice, 18, 147-156.

Uno, A., Wydell, T. N., Haruhara, N., Kaneko, M., Shinya, N. (2009) Relationship between Reading/Writing Skills and Cognitive Abilities among Japanese Primary-School Children：Normal Readers versus Poor Readers (dyslexics). Reading and Writing, 22, 755-789.

第3章

通常の学級でのICT利用を円滑化するために

丹羽　登

1　はじめに

　病気や障害により特別な教育的支援を必要とする子どもについては，指導方法等を工夫するだけでは不十分である。そこで，そのような子どもの多くが必要とする指導方法や学習環境の整備等を行うことが求められている。これらについては，ユニバーサルデザインの考え方を踏まえて，授業の計画段階から様々な子どもの実態を考慮に入れて取り組まれることが多くなってきた（図3-1）。多くの共通するニーズに，可能な限り対応するのは重要なことである。しかし，それだけでなく子どもの実態は多様であるので，必要に応じて個々の子どもに応じた変更・調整を行うことも重要である。

　本章では，一斉指導の際のICT活用と，個々の子どもに応じたICT活用との両面から述べることにより，通常の学級での円滑な活用につなげたい。

2　将来の社会を見据えた教育

　急激な情報化社会への移行に伴い，職場や学校といった場だけでなく日常生活でも情報化が進み，今までの生活環境と大きく変わりつつある。スマートフォンやタブレット端末等が普及する中で，1〜2歳の子どもがタブレット端末をタッチしてYouTubeで好きなアニメを繰り返し見ている場面に出会うと，時代のあまりにも急な変化に愕然とする。

　このような子どもが30代，40代になる頃を想像した場合，この子どもたちに必要な教育は，従来のものだけで大丈夫なのかといった疑問が生じる。平成28年度末に改訂予定の学習指導要領等においては，このような社会の変化に対応

通常の学級でのICT利用を円滑化するために 第3章

して生きていくために必要な力を「育成すべき資質・能力」とし，その力の育成を図る観点から各教科等の改善を目指し検討が進められている。

3 時代の変化に応じた視聴覚教材等の活用

「不易と流行」という言葉があるが，学校教育においては「不易」を強調し，時代の変化への対応を拒む声を聞くことがある。それでよいのであろうか。

かつて学校には，家庭にはないピアノやオルガン等の楽器，顕微鏡や天体望遠鏡等の実験・観察機器，絵本や図鑑等の図書など，子どもから見て魅力的な教材・教具がそろっていて，ワクワクする場所であったが，今はどうだろう。

また，教員は子どもの興味関心を喚起し，分かりやすい指導を展開するために，様々な教材を工夫し，活用してきた。従来から紙と鉛筆を中心としつつも，図鑑や掛け図，挿絵，写真，テレビ，ビデオ，インターネット等を適宜活用して，指導を効果的に展開してきたことに異論を挟む方は少ないであろう。

近年は研究者や教科書会社等の尽力により教科書のデジタル化が進み，いわゆる「指導者用デジタル教科書」が市販され，一斉指導の時に活用されることも

> ユニバーサルデザインにおいては，製品・施設・サービス等の企画・開発の段階から，様々な方が活用できる機能等をあらかじめ整備しておくことが求められる。
> しかし，製品等のカスタマイズや一人一人に必要とされる変更・調整（合理的配慮）を否定している訳ではない。
> そのため，ユニバーサルデザインの考え方を踏まえた指導で対応可能な子どももいれば，個々の子どもに応じた変更・調整を必要とする子どももいることに留意する必要がある。

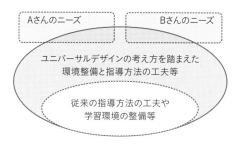

図3-1　合理的配慮とユニバーサルデザイン

多くなってきている。また，個々の子どもがタブレット端末等で学習するための，いわゆる「学習者用デジタル教科書」も市販されている。このようなデジタル教材の多くには，例えば文字や写真等の拡大機能や読み上げ機能など，文字を読むことに困難さを感じる子どもが活用できる機能が準備されている

　最近は，このようなデジタル教材だけでなく電子機器やICT機器等にもユニバーサルデザインの考え方が導入されるようになり，製品企画・開発の段階から，障害のある人や高齢者等が必要とする機能が組み込まれるようになってきているので，タブレット端末等をカスタマイズ（利用者が使いやすいように設計や設定を変更・調整する）して，これらの機能を有効にし，子どもが使いやすくすることも可能である（図3-2）。

　このように，学級の全員を対象とする一斉指導において，ICT機器等を活用できる環境は整いつつあるので，授業でICT機器を活用する教員も多くなってきた。そこで，日頃の授業の中で，先に述べたアクセシビリティの機能を適宜有効にするなどして，学級の子どもが，ICT機器には文字を読むことが困難な子どもに役立つ機能等が準備されていることや，個々の子どもに応じた支援をICT機器等から得ることができるものを知るのも重要なことである。

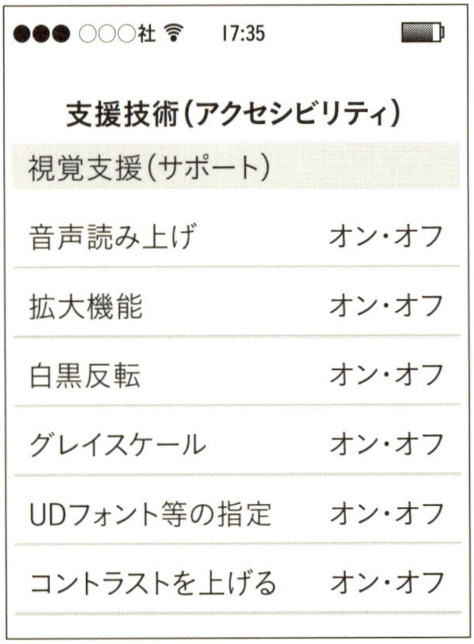

支援技術(アクセシビリティ)	
視覚支援(サポート)	
音声読み上げ	オン・オフ
拡大機能	オン・オフ
白黒反転	オン・オフ
グレイスケール	オン・オフ
UDフォント等の指定	オン・オフ
コントラストを上げる	オン・オフ

図3-2　iPhoneのアクセシビリティに関するカスタマイズ画面例

4　特別な教育的支援を必要とする子ども

　学校には，虐待を受けている子どもや不登校の子ども，貧困な子どもなど，様々な支援を必要とする子どもがいる。このような子どもに対して，就学援助制度や学校カウンセラー等の配置などが行われており，教員も，それらの子どもを支えるため，きめ細やかな配慮を行ってきている。

同様に，病気や障害により学習上または生活上の困難がある子どもについても，学校や教員等による支援や配慮が必要である。文部科学省が2012（平成24）年に実施した「通常の学級に在籍する発達障害の可能性のある特別な教育的支援を必要とする児童生徒に関する調査」の調査結果では，学習面または行動面で著しい困難を示す子どもが約6.5%いる可能性が示されている（図3-3）。

小・中学校の通常の学級では，このような子どもの個々の教育ニーズに応じた指導や支援（学習上または生活上の困難を改善・克服するための指導や支援等）を進めていくことが求められている。

5 障害者と社会的障壁の除去

視力が低下した子どもが眼鏡を使う，または歩行が困難になった子どもが電動車椅子を使うことにより，学習上または生活上の困難を改善・克服しているように，子どもの実態に応じて情報コミュニケーション支援機器や移動支援機器等を使うのは，とても重要なことであり，学校教育の場においても，多くの子どもが使っている眼鏡だけでなく，補聴器や電動車椅子，タブレット端末など，子どもが困難に思っていること，妨げとなっていることを軽減またはなくすために支援機器等を活用することを積極的に考えていくべきである（図3-4）。

障害者基本法第2条第1号及び第2号では，障害者と社会的障壁を以下のよう

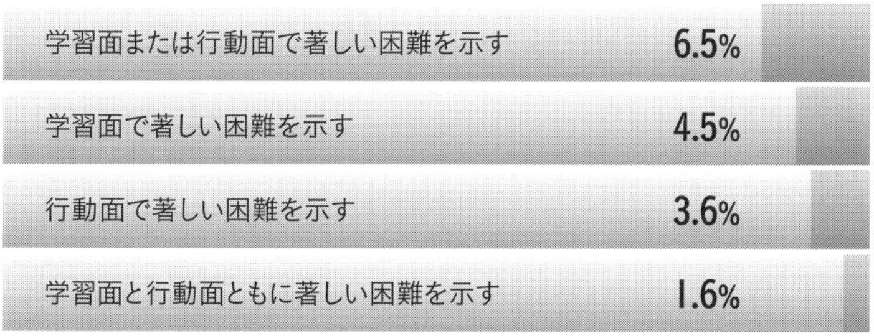

項目	割合
学習面または行動面で著しい困難を示す	6.5%
学習面で著しい困難を示す	4.5%
行動面で著しい困難を示す	3.6%
学習面と行動面ともに著しい困難を示す	1.6%

「通常の学級に在籍する発達障害の可能性のある特別な教育的支援を必要とする児童生徒に関する調査結果について」
（文部科学省：2012（平成24）年）

図3-3　発達障害の可能性のある児童の割合

に定義している。

> 一　障害者　身体障害，知的障害，精神障害（発達障害を含む。）その他の心身の機能の障害（以下「障害」と総称する。）がある者であって，<u>障害及び社会的障壁により継続的に日常生活又は社会生活に相当な制限</u>を受ける状態にあるものをいう。
>
> 二　社会的障壁　障害がある者にとつて<u>日常生活又は社会生活を営む上で障壁となるような社会における事物，制度，慣行，観念その他一切</u>のものをいう。
>
> （下線は筆者による）

　今後はこれらの定義を踏まえて，障害者を「心身機能の障害」と「環境」との相互作用の観点からとらえ，心身機能の改善とともに，必要に応じて環境を整備する，機器等を使えるようにする，学習内容を理解できるようにするといったことが必要になる。すなわち，特別な教育的支援を必要とする子どもの能力を伸ばすという観点ととともに，社会的障壁を除去するという観点からも適切な配慮が行われる必要がある。

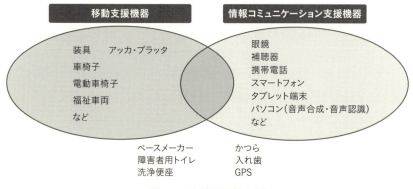

図3-4　支援機器等の例

6 合理的配慮の観点から

　障害者の権利に関する条約（以下，権利条約）では，合理的配慮の提供を求めており，合理的配慮の不提供は障害者差別であるとしている。合理的配慮とは権利条約で示された新しい概念で，先に述べた社会的障害の除去に必要となるものである。合理的配慮とは，簡潔に「個別に必要とされる理にかなった変更・調整」という方が理解しやすいであろう。

　2012（平成24）年の中央教育審議会初等中等教育分科会報告では，合理的配慮についての理解を広げるために，以下の11の観点を示している。

○学習上又は生活上の困難を改善・克服するための配慮
○学習内容の変更・調整
○情報・コミュニケーション及び教材の配慮
○学習機会や体験の確保
○心理面・健康面の配慮
○専門性のある指導体制の整備
○幼児児童生徒，教職員，保護者，地域の理解啓発を図るための配慮
○災害時等の支援体制の整備
○校内環境のバリアフリー化
○発達，障害の状態及び特性等に応じた指導ができる施設・設備の配慮
○災害時等への対応に必要な施設・設備の配慮

　教育関係者が合理的配慮について検討する際には，これらの観点から，具体的な配慮について検討することにより，過不足のない対応につなげることが大切である。なお，独立行政法人国立特別支援教育総合研究所では，この11の観点に沿って取りまとめた合理的配慮データベースをWeb上公開しているので，それらを参考にしながら，個々の子どもに応じた合理的配慮の提供について進めていただきたい（図3-5・次頁）。

①-2-1　情報・コミュニケーション及び教材の配慮

障害の状態等に応じた情報保障やコミュニケーションの方法について配慮するとともに，教材（ICT及び補助用具を含む）の活用について配慮する。

視覚障害	見えにくさに応じた教材及び情報の提供を行う。（聞くことで内容が理解できる説明や資料，拡大コピー，拡大文字を用いた資料，触ることができないもの（遠くのものや動きの速いもの等）を確認できる模型や写真　等）また，視覚障害を補う視覚補助具やICTを活用した情報の保障を図る。（画面拡大や色の調整，読み上げソフトウェア　等）
聴覚障害	聞こえにくさに応じた視覚的な情報の提供を行う。（分かりやすい板書，教科書の音読箇所の位置の明示，要点を視覚的な情報で提示，身振り，簡単な手話等の使用　等）また，聞こえにくさに応じた聴覚的な情報・環境の提供を図る。（座席の位置，話者の音量調整，机・椅子の脚のノイズ軽減対策（使用済みテニスボールの利用等），防音環境のある指導室，必要に応じてFM式補聴器等の使用　等）
知的障害	知的発達の遅れに応じた分かりやすい指示や教材・教具を提供する。（文字の拡大や読み仮名の付加，話し方の工夫，文の長さの調整，具体的な用語の使用，動作化や視覚化の活用，数量等の理解を促すための絵カードや文字カード，数え棒，パソコンの活用　等）
肢体不自由	書字や計算が困難な子どもに対し上肢の機能に応じた教材や機器を提供する。（書字の能力に応じたプリント，計算ドリルの学習にパソコンを使用，話し言葉が不自由な子どもにはコミュニケーションを支援する機器（文字盤や音声出力型の機器等の活用　等）
病弱	病気のため移動範囲や活動量が制限されている場合に，ICT等を活用し，間接的な体験や他の人とのコミュニケーションの機会を提供する。（友達との手紙やメールの交換，テレビ会議システム等を活用したリアルタイムのコミュニケーション，インターネット等を活用した疑似体験　等）
言語障害	発音が不明瞭な場合には，代替手段によるコミュニケーションを行う。（筆談，ICT機器の活用　等）
自閉症・情緒障害	自閉症の特性を考慮し，視覚を活用した情報を提供する。（写真や図面，模型，実物等の活用）また，細かな制作等に苦手さが目立つ場合が多いことから，扱いやすい道具を用意したり，補助具を効果的に利用したりする。

（共生社会の形成に向けたインクルーシブ教育システム構築のための特別支援教育の推進（報告）　平成24年7月23日中央教育審議会初等中等教育分科会より）

図3-5　合理的配慮の観点ごとの障害種別の例示

7 個別の教育支援計画への記載

　本人・保護者と学校・設置者は，先の11の観点を踏まえて具体的な合理的配慮の内容について検討し，合意形成を図った上で提供されることになる。

　そのため，本人・保護者と一緒に作成する個別の教育支援計画に合理的配慮の内容を記載できるようにするとともに，その作成時には合理的配慮の内容についても一緒に検討する必要がある。その検討の中で，ICT機器や支援機器等を活用に合意できたならば，そのことを個別の教育支援計画に明記することが重要である。ICT機器等の活用を明記することにより，学級担任等が指導時に積極的に活用するようになるだけでなく，個別の教育支援計画の作成に関わる関係機関等においても，ICT機器等の活用が進むことが期待されるからである。

8 おわりに──通常の学級での円滑な活用に向けて

　通常の学級で，これらのICT機器等を活用することについては，今なお慎重な姿勢で臨む教員は多い。その理由には，教育効果に疑問，機器活用に自信がない，特定の子どもだけ機器を使うことは公平でない，高価な機器を使用することに不安である，等々が考えられる。しかし，スマートフォン等の普及に伴い，急速にこれらのことは解消されつつあり，例えば，眼鏡と同じような価格帯でタブレット端末等を購入することも可能になっている。

　このようにICT機器等を活用するための環境が大きく変わりつつある中で，個々の子どもの実態に応じてカスタマイズされたICT機器等の活用が，今後，多くの方から眼鏡等の使用と同様にとらえられ，多くの方の理解の元で進められることを期待する。

第4章

学校におけるICT導入の実際

太田裕子

1 障害のある児童生徒にこそICTを

　学校におるICT導入は，現在，最も関心の高い教育課題の一つである。教育関係誌の紙面には必ずと言ってよいほど，ICTの見出し文字が見られる。障害の有無にかかわらず，全児童生徒にタブレット端末を配備する計画などが各自治体で急速に進められている。

　教育現場へのICT導入の基本的な考え方は，下記の2点である。

①急速なICT化の時代なので，児童生徒にICT活用能力を早急に身に付けさせる必要がある。
②教員の業務過重の現状を打開するために，ICTを導入して授業の効率化や教員の業務の軽減を図る必要がある。

　一方で懸念されている課題もある。特に小学校段階の導入については，「ICTの（特に早期からの）導入により，児童の読み書きの基礎基本やそれに伴う感覚機能や手指の発達などに支障が出るのではないか」また，「教師にとっては，児童と直接コミュニケーションを図る機会が減り，児童理解にも支障が生じるのではないか」といった声も聞かれる。このように，学校でのICTの早期からの導入は，いまだ賛否両論がある。

　しかし，障害のある児童生徒にとってのICT活用の目的は明確である。その1番目は「機能代替を目的とした，障害による困難を補う活用」そして2番目は「機能回復を目的とした，トレーニング的活用」である。

　冒頭の議論と異なるのは，多くの障害のある児童生徒にICT活用の必然性が

あり，彼らの多くにとってICTは最適な支援機器ということである。筆者の所属するS区においても，平成25年度後半から，急速にICT配備計画が進められてきた。本章では，本区で実践してきた「障害のある児童生徒へのICT導入の実際」について報告する。

2 機能代替を目的として，通常の学級で導入した事例

以下，通常学級でICT導入をした事例を紹介する。

（1）書字困難と診断されているAさん

ADHDで書字困難と診断されているAさんは，低学年のうちから，授業中にノートをとったり，漢字練習の宿題を毎日自分で行ったりすることが大変困難な状況であった。保護者からの申し出で，担任は宿題の量を配慮したり，テストや作文の際には，本人の口述を担任が代筆したりするなどの対応をしてきたが，高学年になると，そうした配慮は，級友からは「担任の甘やかし」に見え，精神的には負担感が多くなっていった。

そこで，iPadによるノートテイクを保護者に提案し，活用法を専門機関で学習したところ，目覚ましい上達ぶりであった。通常の学級でも十分に活用できる技能を身に付けたので，通常の学級でも活用することとした。現在は，ICTを推進している中学校で，活躍している。

（2）読字困難を訴えるBさん

読字困難のBさんは，中学年から徐々に学力も低下し始め，学習に対する意欲も減退し始めていた。行動観察からは音声優位の特性が見られたので，4年生からは音声ペンによる音声付き教科書を紹介したところ，興味を示し活用し始めた。学習意欲も向上し始めた。しかし，高学年になると，音声ペンでは読みが遅く，読書に時間がかかるので，iPadによる電子教科書を紹介したところ，すぐに活用できるようになったので，通常の学級でも活用を始めることとした。現在は，国語以外の教科書もインストールし，家庭でも，学校でも活用している（写真4-1・次頁）。

(3) 通常の学級での活用のポイント

通常の学級でICTを活用するために，以下に示す3つのポイントを大切にしたい。

①児童が主体的に活用できるまでスキルアップ

通常の学級に導入する時には，担任の授業や他の児童の学習の妨げにならないレベルまで，活用技能の向上をさせておく必要がある。そのためには，基本的には通級による指導で活用指導を行う。通級をしていない児童は，適切な活用の指導を行う専門機関で，指導を受けさせてから許可をするとよい。

②通常の学級で活用する時のルールの学習

筆者の学校では，校長が通常の学級にICTを導入する事前指導を対象の子どもに行い，校内で活用する時のルールを学習させている。そして「iPad許可証」（写真4-2）を作成し渡すようにしている。

③他の児童への説明・共通理解

前述の「iPad許可証」を渡すときには，通常の学級の児童全員の前で，他の

写真4-1　通常の学級の授業でiPadを活用している様子

児童への説明や児童全員が共通理解をするためのセレモニーを行っている（写真4-3）。このセレモニーは，児童が自分で「iPadを用いて学習すること」を説明し，友達に理解を求めるとともに，自己のニーズの再確認の機会ともなっている。周囲の教師・児童全員も改めて共通理解する機会となり，ICT導入だけでなく，その他の合理的配慮を行う上でも効果がある。

3 治療教育として，特別支援学級で行っている活用事例

　通常の学級でのICT活用を推進するためには，障害のある児童生徒がICT機器に慣れ親しみ，進んで活用力をスキルアップしたり，学習に欠かせない機器として学校生活の中で主体的に活用したりできるようにする場が必要である。S区では，国立特別支援教育総合研究所や東京大学先端科学技術研究センターと連携して，2年間，教員研修会の開催や授業実践研究に取り組んできた。以下に各校における実践事例を紹介する。

（1）写真や動画で自らの記録をとったり編集したりする

　カメラ機能を使って，児童生徒自身が記録をとったり，記録した写真や動画の編集を行ったりして発表し，プレゼンテーション能力を高める活動は，障害

写真4-2　iPad許可証

写真4-3　iPad許可証を渡すセレモニー

の種別を問わず，大変意欲的に行える活動である（写真4-4，写真4-5）。

(2) 自分が使いやすい機能を使って，インターネットを活用して調べたり，メールを交換したりする

インターネットの活用は通常の学級でも行っているが，特別支援学級では，一人ひとりの障害による困難を改善するために，音声による操作や，背景や文字を自分が見やすい画面に変える技術なども身に付けさせて，活用力をスキルアップさせることが重要である。

(3) アプリを活用して，個別に学習する

iPadには，漢字や計算など基礎基本の習得のほか，SSTやビジョントレーニングに通じる多くのアプリがある（写真4-6）。児童生徒の障害や学習の程度に応じて，教科の補充指導や自立活動の指導で工夫して活用できる。

(4) 電子教科書を活用し，教科の補充指導や通常学級の学習の予習をさせる

通級では，iPadに電子教科書をインストールし，教科の補充指導で拡大文字にしたり音声読み上げにして読み進めたりするスキルを身に付けさせている。通常の学級で電子教科書を活用するかどうかは，本人の気持ちが一番重要である。児童によっては，電子教科書は通級や家庭で予習的に活用し，通常の学級

写真4-4　自らの活動を記録し編集している画面

写真4-5　編集したものをプレゼンしている様子

では紙ベースの教科書で学習するなど，柔軟な活用を認めていきたい。

4 教師の積極的な活用

　ICT活用は，まず教師が積極的に活用することが大切である。特にiPadは操作が簡便でさまざまな工夫ができ，授業の随所で児童生徒の興味関心を高めたり，児童生徒の可能性を引き出したりすることにつなげることができる。

　まずは教師が活用力をつけ，児童の授業の前でどんどん活用したい。児童生徒にICT機器が日常の学校生活の中で使用するものであることを印象づけることが，その後の児童生徒の活用につながる。

5 どの学校でもICTが活用できるようにするために

　ICT機器は障害のある児童生徒にとって，その障害の代替機能を果たすのに大変有効な危機であり，合理的配慮も，ICT機器の活用で行われることが多くなると予想される。先進校などの特別な学校だけでなく，どの学校でもICT活用ができるようにするためには，単に機器を配備していくだけではなく，下記のような取り組みも並行して進めていく必要がある。

（1）まず，教師が使えるように

　学校で児童生徒がICTを思う存分活用していくには，まず，ICT機器に対する教職員の理解と対応力がなければ推進することはできない。まず教師に向けての合理的配慮の考え方などに対する研修，そして実際にICT機器の対応ができるようになるための実技研修の充実が大切である。

写真4-6　アプリを活用して個別に学習している様子

（2）保護者への理解啓発

　ICT機器導入に際して，保護者の理解啓発も大切である。障害の状況やICT機器のニーズは，一人ひとり異なる。当該保護者には，ICT機器を万能と思いこまず，当該児童生徒の実態を正しく踏まえたICT機器の有効性について，理解を促していく必要がある。また，通常の学級に導入する際には，周囲の保護者に向けても説明していく必要がある。この際は，なぜその必要があるのか，ICT機器だけでなく，障害のある児童生徒やインクルーシブ教育システムの考え方についても，理解啓発を行っていく必要がある。

（3）専門機関と連携した，児童生徒や教師をレベルアップする仕組みづくり

　ICT機器の進化はものすごいスピードで行われている。特に障害のある児童生徒の使用にあたっては，少しでも使いやすいものを提供したい。そのため，教師は新たな情報を得たり，新たな指導技術を学んだりする仕組みが必要である。現在は，意欲のある学校や教師個人が，専門機関との連携で推進しているが，今後は必要な時にだれでもアクセスできる支援システムを構築していく必要がある。

第5章

読み書き支援のリソースガイド

金森克浩

読み書きに困難がある子どもへのICTを活用した情報を「ICT機器」「デジタル図書」「書籍」「Web」「研究会・相談機関」「アセスメント」の6つの項目で整理した（図5-1・次頁）。この図も書くことに困難がある子どもの思考を支援するために，よく使われているマッピングソフトでつくったものである。このように，視覚的に記述することで理解を助け支援の道具となる。

1 ICT機器

ICT機器と書いているが，情報機器ととらえるのであればデジタルのものだけでなく，アナログの機器も重要となる。そこで，デジタル機器とアナログ機器に分けて紹介する。

(1) デジタル機器

デジタル機器ではなんといってもPCであるが，使うための習得技術，使い勝手の良さや価格面のことなどを考えるとタブレット端末が主流になりつつある。中でもApple社のiPadは障害のある人のためのアクセシビリティ機能が充実しており，読み書きに困難がある子どもの学習支援機器としては様々な面で利便性がある。また，それもあって東京大学先端科学技術研究センター（以下，先端研）とソフトバンクモバイルの魔法のプロジェクトなどの活用によって，様々な実践事例の蓄積がされている。しかし，単機能なボイスメモやポメラなどのワープロ専用機も，利用の場面を工夫することで有効な機器となる。

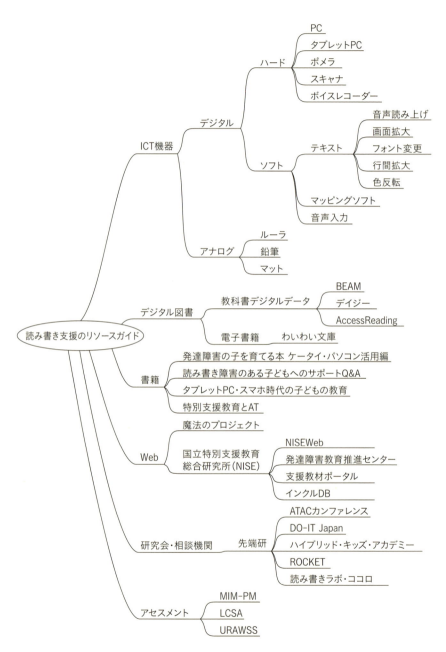

図5-1　リソースガイド全体のマッピング

(2) アナログ機器

　デジタル機器の特長はデータの加工の容易さにある。だからといって全ての物がデジタルで提供されているわけではなく，教科書やプリントなど紙で提供されているものも多い。それらをデジタル化することも一つの方法ではあるが，そのまま活用できれば手間も少なく即時性もある。そういった場面で利用できる様々な文具がある。後述するWebサイトや書籍にはそれらの情報が紹介されているので，参考にするといいだろう。

2 デジタル図書

　学習で使えるデジタル図書については大きく分けると教科書のデジタルデータとそれ以外の一般図書が考えられる。教科書のデジタルデータについては教科書バリアフリー法により文部科学省の音声教材普及促進事業によって，以下の団体から印刷物を読むことに困難がある子どものために教科書デジタルデータが提供されている。これらは，それぞれに提供されるデータの形式に違いがあるので，記載されているWebサイトを参照し，必要に応じて問い合わせて利用するとよいだろう。

---

①特定非営利活動法人エッジ（BEAM）
　http://www.npo-edge.jp/work/audio-materials/
②公益財団法人日本障害者リハビリテーション協会（デイジー）
　http://www.dinf.ne.jp/doc/daisy/book/daisytext.html
③東京大学先端科学技術研究センター（AccessReading）
　http://accessreading.org/

　また，一般の図書については電子化されている図書を読み上げソフトで読む，音声図書を利用する，紙の書籍をスキャナとOCRにかけて電子化するといった方法がある。電子化された図書には市販の物もあるが，書籍のデータに独自の保護機能が施されていて，テキストデータを取り出せない場合があるので，要

注意である。公益財団法人伊藤忠記念財団 (http://www.itc-zaidan.or.jp/) は，読みの困難な子どものためにマルチメディアデイジー図書というのを作成して全国の学校に提供しており，アクセシビリティの高い電子図書を読むことが可能となっている。

3 書籍

　読み書きが困難な子どもためのICTを活用した支援を紹介した書籍として以下がある。この中には電子化された書籍もあり，EPUBと呼ばれる電子書籍の形式の物もあるので，iBooksのような電子書籍リーダーを利用すれば，文字の拡大やフォントの変更など読みやすい形式に変えて利用することができる。

①中邑賢龍・近藤武夫（2012）
『発達障害の子を育てる本 ケータイ・パソコン活用編』講談社

②河野俊寛（2012）
『読み書き障害のある子どもへのサポートQ&A』読書工房

③中邑賢龍・近藤武夫（2013）
『タブレットPC・スマホ時代の子どもの教育』明治図書出版

④金森克浩編（2012～2015）
『特別支援教育とAT（第1～6集）』明治図書出版

4 Webサイト

　読み書き支援のためのICT機器や情報について，公的な機関としては国立特別支援教育総合研究所 (http://www.nise.go.jp/) の以下の3つのWebサイトがある。

①特別支援教育教材ポータルサイト（支援教材ポータル）
http://kyozai.nise.go.jp/

②発達障害教育推進センター
http://icedd.nise.go.jp/
③インクルーシブ教育システム構築データベース（インクル DB）
http://inclusive.nise.go.jp/

特に，支援教材ポータルについては，教材支援機器のデータを整理して提供し，関係する機関などへのリンクリストもある。また，魔法のプロジェクト（https://maho-prj.org/）のサイトには豊富な実践事例が掲載されている。なお，関係する動画サイト魔法のお手伝いは視覚的な情報で説明されているので，分かりやすく，関係者に説明する際の助けとなるだろう。

5 研究会・相談機関

ICT機器を活用した読み書き支援について学ぶ機会としては前述の先端研が以下のような活動を行っている。

① ATAC カンファレンス ： http://atacconf.com/
② DO-IT Japan プロジェクト ： http://doit-japan.org/
③ ハイブリッド・キッズ・アカデミー： http://www.eduas.co.jp/buriki/
④ 異才発掘プロジェクト ROCKET ： http://rocket.tokyo/
⑤ 読み書きラボ・ココロ ： http://at2ed.jp/clinic/

6 アセスメント

読み書きに困難があるらしいと感じていても，それが具体的などのような部分に困難があるかを知るためには，アセスメントをする必要がある。アセスメントツールにはWISC-Ⅳなどの検査もあるが，読み書きの能力を測るために「読みのスピード」「語彙力」「読みの流暢性」「ワーキングメモリ」「音韻認識」「形態認知」「視覚的短期記憶」「視覚運動協応」「視写能力」など様々な面でど

のような課題があるのかを検査するMIM-PM，LCSA学齢版 言語・コミュニケーション発達スケール，などがある。これらについては，東京都教育委員会が2014（平成26）年3月にまとめた「小・中学校の特別支援教育の推進のために（http://www.kyoiku.metro.tokyo.jp/buka/shidou/26tokushi_suishin.htm）」などが参考になる。また，比較的簡易に検査できる方法として，河野俊寛らが作ったURAWSSがある（URAWSSについては第2章参照）。

第6章

障害のある児童生徒に対する学校や試験でのICTによる配慮

近藤武夫

　障害のある児童生徒では，例えば「鉛筆で文字がかけない生徒がキーボード利用を認められる」など，代替手段を認められることで初めて，次の教育段階に進むための入学試験を受けられるケースがある。代替的な配慮が認められない場合，「鉛筆で文字を書けない生徒は受験は認めない」として排除されることと同じ意味になってしまうため，合理的配慮の時代を迎える今後，適切な範囲でこうしたICTによる代替手段が認められるケースも増えていくことが予測される。

　しかし，現在のところ，第1章で述べたように，LD等による読み書きの障害に対する代替手段が認められる先行事例は極めて限られている。次頁の表6-1の事例はいずれも，東京大学先端科学技術研究センターが主催する，障害のある児童生徒の初等中等教育から高等教育への移行支援を行うDO-IT Japan (http://doit-japan.org/) に参加している生徒が，差別禁止と合理的配慮の法制度施行に先駆けて，DO-IT Japanによる自己権利擁護のバックアップを受けて学校等へ配慮を求めた結果，得られた配慮である。

　進学校の高校入試や大学入試センター試験で，読み書き障害に対する配慮を受けた事例（次頁の表6-1の事例8および事例9）は，筆者の知る限りいずれも日本で初めての事例であった。このことから，大学進学への道筋にLD等のある生徒を包摂するための支援は，十分とはいえない状況にあることが類推できる。

　表6-1で上げた配慮の例は，差別禁止や合理的配慮の制度が早くから作られていた米国や英国の場合，障害のある生徒に対して個別に認められることは珍しくない。たとえば，米国の大学入学選抜のために用いられる共通テストSATでは，障害のある受験に対して採用されることのある配慮の例として，時間延

表6-1 DO-IT Japanに参加した生徒たちが入学試験等において得てきた配慮の例

事例	年	配慮内容
1	2007	肢体不自由（筋ジストロフィー）のある生徒が，大学入試センター試験と，北海道教育大学の一般入試において，キーボード入力による解答用紙の記入を認められた。
2	2009	高次脳機能障害（半側空間無視による読み障害）のある生徒が，大学入試センター試験でPCによる音声読み上げを申請するが認められなかった。ただし，1.3倍の試験時間延長を認められた。
3	2010	肢体不自由（脳性麻痺）のある生徒が，大学入試センター試験および筑波大学の一般入試において初めて，数式入力支援ソフトを用いて受験することが認められた。 ※同年，発達障害（自閉症スペクトラム，LD，ADHD）に対する特別措置が開始（前年までの視覚障害，聴覚障害，肢体不自由，その他の4分類に新たに「発達障害」が追加された）
4	2011	発達障害（書字障害）のある生徒が，鳥取大学のAO入試における小論文試験でキーボード入力を用いて受験することが認められた。
5	2011	学習障害（読字障害）のある生徒が奈良県の県立高校の入試（学力試験）において，PCによる音声読み上げを申請するが認められなかった。ただし，代読が認められた。
6	2012	肢体不自由（脊髄損傷による両腕の麻痺）のある生徒が，大学入試センター試験と，筑波大学の一般入試で，数学（およびそれ以外の物理・化学でも），1.5倍の試験時間延長，別室での受験，代筆の配慮を得て受験した。
7	2014	学習障害（書字障害）のある生徒が，定時制都立高校の入学試験で，作文の試験でワープロを利用することが認められた。
8	2015	大学入試センター試験で，学習障害（読字障害）のある生徒が，PCによる音声読み上げを申請するが認められなかった。ただし，代読での受験が認められた。
9	2015	神奈川県の県立高校の入試（学力試験）において，発達障害（書字障害）のある生徒がワープロを利用しての受験を認められた。

長，小論文へのコンピューター利用，休憩時間の追加や延長，読むことや見ることへの配慮（点字や拡大印刷，音声録音ファイルや代読者の提供など），四則演算だけができる計算機の利用が挙げられている（詳しくはhttps://www.collegeboard.org/students-with-disabilities/typical-accommodationsを参照）。

　生徒の読み書きの機能制限をICTにより代替することについては，これまでの日本の教育場面においては，広く合意が得られているとは言いがたい状況にあった。そのような状況の中で，2015年に表6-1の事例8および例9のような配慮が得られ始めたことは，国連の障害者権利条約に謳われたインクルーシブ教育システムの実現に向けた日本社会の変化が反映されたものと考えることもできるかもしれない。

　第7章以降では，読み書きに障害のある生徒たちが，教室や試験の場面で，どのような形でICTの利用を認められるようになっていったのか，その経緯を追って事例を紹介している。事例はDO-IT Japanや東京大学先端科学技術研究センターへの相談を通じて得られたものを元に構成したもので，現実の事例とは完全には一致しない部分がある。しかし，現実の状況から乖離しないように個々の事例を紹介し，それぞれの事例での注目すべきポイントについてまとめた。今後，合理的配慮としてのICT利用が，多くの児童生徒の選択肢となり，学校と生徒・保護者が交渉して合意形成していく過程を理解する一助となれば幸いである。

第7章

小学校・中学校・高校入試での ICT利用の事例

平林ルミ・村田美和

1 学級でタブレットほかの機器利用を認められた読み書き障害のあるA君

(1) 背景

　A君は読み書きに大きな困難を抱えている。しかし，理科が得意で鉱物のことになると大人も及ばない知識を有し，自分で海岸に行っていろいろな石を集めてきて，どのような種類の鉱物なのかを調べる研究熱心な男の子である。

　A君とその保護者から学習相談を受けたのはA君が小学3年のときであった。文字を読むのが苦手で1字ずつたどたどしくしか読めず，時間がかかるため文章の意味を捉えることができない。文字を書くのに非常に時間がかかり学校の授業での板書を書き写し終えることができない，ノートのマスの中に文字をおさめることができない。また，書いた文字は本人であっても判別が不可能なほど字形が整わないとのことだった。

(2) アセスメントとICT導入

　小学3年時に東京大学先端科学技術研究センター（以下，先端研）で読み書きのアセスメントを行った。URAWSSで読み書きの流暢性を評価したところ，視写速度は9.0文字／分と平均と比べ極端に遅く（－2SD（標準偏差）以下），判読不能な文字になっていた。黙読速度は，224.1文字／分で平均内であったものの，内容理解問題の正答が半分と低かったことから，読みに関しても困難が顕著であることがわかった。また，STRAWを実施し，ひらがな・カタカナ・漢字の単音・単語の音読および書き取りの習得度を評価した。その結果，カタカナ単語の音読，ひらがな・カタカナの単音・単語の書き取り，漢字単語の書

き取りの習得度が平均と比べて著しく低かった（－2SD以下）。以上のことから読み書きに関して，流暢性・正確性ともに課題があり，困難な状態にあると考えられた。

　文章を音声化して聞くことで読みの困難を補えるかを検討するため，2つの読書力検査を用い，一方を独力で，もう一方を第三者が読み上げる代読で実施した。その結果，独力では制限時間内に全ての問題を読むことができず，回答できた問題は8割，正答率は6割であった。一方，代読では全ての問題を解くことができ，正答率は7割に及んだ。したがって，文章を目で見て読むよりも，音声化されたものを聞くほうがA君に適した読み方であると考えられたことから，音声読み上げの活用および文字と音声が同時呈示される電子教科書の活用を提案した。

　書き困難に対しては，黒板をデジタルカメラで撮影してメモすることを提案した。また，タブレットで文字入力をする際にどの方法がよいかを検討した。ローマ字入力・かな入力ともに複数あるキーの中から必要なものを探し出すことが困難であった（かな入力での入力速度は小学3年生時，3.8文字／分）。したがって，キーボード入力はA君の困難を補う方法として適切ではないと判断し，主として音声入力で入力を行い，入力間違いについてはキーボードで修正していく方法を提案した。

（3）タブレットPCの通常級への導入

　小学4年2学期から通常級でのタブレットPCの利用が始まった。A君だけが通常級でタブレットPCを使うことについては担任から他の児童に説明が行われた。タブレットは黒板をカメラ機能で撮影することと，読めない漢字を辞書機能で調べることに使われた。

　タブレットPCを使うようになったA君の一番大きな変化は，勉強が楽しくなり，自信が出てきたことである。加えて，これまで黒板を書き写すのが授業時間内に終わらず，休み時間もノートを書き写していたため友だちと遊ぶ時間がなかったが，書き写し終わらなかった場合はタブレットPCのカメラ機能で撮影することで，休み時間に友だちと遊ぶことができるようになった。

（4）これからの課題

　A君は現在中学1年生である。学校から宿題として出される各教科のワークブックを解くのに苦労している。タブレットPCの中に入っている電子化された教科書と違い，ワークブックは問題文を音声で読み上げることができない。そのため，問題を理解するのに時間がかかる。ワークブックなどの副教材や試験問題を電子化して音声読み上げで読み上られるようにすることでA君の読むことの負荷を軽減する必要がある。また，これまで入力速度が遅かった文字入力は音声入力を中心として行い，変換間違いの部分をフリック入力（タッチスクリーン上で指を素早く動かしたり弾いたりして行う操作全般のこと）で修正してきた。しかし，音声入力はインターネット接続が必要なため，インターネット接続が基本的には困難な学校の授業中や試験場面で音声入力を使うことはできない。A君の手書き文字は書いた本人も読むことができないため，書くことの代替は必須である。したがって，試験などインターネット接続が困難かつ時間的制約のある場面で解答していくために，A君自身がキーボード入力の速度をあげていくことが必要となる。

（5）本事例のポイント

　タブレットPCを小学校の通常級に導入する際には，本人が自分の困り感を感じてこの場面でこのように使いたいという具体的活用場面があることが必須である。また，学習内容が飛躍的に増える小学校高学年で学習することへの自己効力感を持ち続けるためには，読み書きの困難を別の方法で補うことが必要となることが示唆される。

2 家庭と通級でタブレットPCを使いこなす読み書き障害のあるB君

（1）背景

　小学5年のB君は読み書きが苦手である。低学年の時は，文字を読むのに随分苦労し，文章の量が多くなると読むことをあきらめてしまっていた。小学3

年から通級指導教室で読み書きの指導を受けてきており，最近は少しずつ読める文字が増えてきたため，学校で学習した国語の単元の問題はなんとか読むことができる。しかし学力テストなど初読の文章は読むことが困難である。また，漢字が苦手で覚えられない。漢字の練習をしていると1文字書くたびにどこかが違ってしまう。また，筆算を書くと桁がずれてしまい計算間違いをしてしまうため，計算ドリルの宿題は毎回，母親に代筆してもらっていた。

（2）アセスメントとICT導入

　小学3年時に先端研で読み書きのアセスメントを実施した。URAWSSでは，視写速度が17.0文字／分，黙読速度が204.0文字／分でどちらも平均内であったものの，内容理解問題の正答率が67％と低かった。また，STRAWでは音読には問題がなかった。しかし，書き取りではひらがなは全問正答で書くことができるものの，カタカナおよび漢字単語の書字が平均と比べると著しく苦手（－2SD以下）であった。特にカタカナ単語は全問不正解にもかかわらず，形に意味のある漢字は6割を書くことができた。このことから使用頻度の低い，視覚的手がかりの少ない文字は定着が見られない可能性が推測された。

（3）タブレットPCの通常級への導入

　B君は毎日の家庭学習で，他の子が反復練習をする漢字ドリルにおいて反復練習ではなく，別の方法が認められている。漢字の意味や部首，使われる言葉などを漢字辞典アプリで調べ，マッピングアプリに打ち込んで漢字マップを作成する。B君のノートはすでに100枚以上の漢字マップでいっぱいになっている。母親に代筆してもらっていた計算ドリルは，格子になった枠の中に数字を入力し，筆算を書いていくことができるアプリを使って筆算をしている。
　このようにタブレットPCを家庭学習で使いこなすB君だが，学級にタブレットをもちこみ，みんなと違う方法を使って学ぶことには抵抗がある。テストで初読の文章があると困るから大人に読んでもらったら？という提案にも「大丈夫，自分で読めます」と答えることから，人と違う方法を選ぶことへの葛藤があると考えられる。
　B君が学びやすい方法を自分自身が知る必要があると考え，文章を自分で読

む場合と第三者が読む場合とで内容理解の成績を比較し、結果を本人にフィードバックした。実施後本人に感想を求めると「読んでもらう方がいいかもしれません。わかりやすいです」と答えたことから、比較によって音声で聞く方がわかりやすいという自覚をもつきっかけができたのではないだろうか。

小学5年1学期からB君が通う通級指導教室においてもタブレットを活用した指導をしていくこととなった。テストの問題が理解できずに解答できないことからテストでの読み書き困難を代替することの優先順位が高いため、まずは通級指導教室でテストを代読している。さらに、漢字の書字困難の強い手書きを代替するためキーボード入力の速度向上を目的とした指導を行っている。小学5年生の手書き速度の平均値29.3文字／分が目標であるが、フリック入力で入力の練習を始めて2ヶ月、5.7文字／分だった入力速度は、19.7文字／分まで向上している。

(4) これからの課題

B君は最近、一般の本をタブレットの音声読み上げでどう読むのかを学習している。短い文章は代読や音声読み上げで理解できているが、長い文章の中から要旨を汲み取ることにB君の課題がある。読みに困難のある場合に、音声で文章を読み上げられることは、文章の内容に触れられるという意味で文章理解のスタートに立ったと言える。しかし、そこから文章を読み解くには、文章の構造を理解して、大枠を掴み、必要に応じて詳細に読んでいくといった読み方略が必要となる。読み方略を身につけていくことが今後の課題である。

(5) 本事例のポイント

タブレットを通常級に持ち込む時の前提条件には、本人がそれを望むこと、本人がタブレットを自身で使いこなせることがあげられる。それが不十分な場合、まずはB君のように家庭学習で十分に活用することで、タブレットが自分の困難を軽減するかを実際に経験することができる。さらに本事例では読むことを代替したときの成績の違いを本人にフィードバックしたことが、読み書きを代替することのメリットに本人が気づくきっかけとなったと考えられる。

本人が自身の困難を解消していくためのスキル習得や環境整備を行っていく

場として通級指導教室の役割は大きいと考えられる。

3 中学校の通常級にタブレットPCを導入し読み書き計算を補償するCさん

（1）背景

　ファッションやデザインに興味のある中学3年のCさんは，読み・書き・計算が苦手だ。読みについては，文字が重なって見える，四角の枠の中に書かれた文字を読むことができない，黄色が白に見える，といった視覚的な読みの困難を訴える。横書きで一行の文字が多い文章は特に読み難い。書くことに関しては，漢字が書けない，自分の名前や数字であっても鏡文字になってしまうという困難を抱えている。計算は一桁のたし算でも指を使ったり，頭の中に数を思い浮かべたりしてそれを数えている。九九が覚えられず，かけ算，わり算も困難である。中学1年から原因不明の嘔吐に悩まされるようになり，入院も経験している。文字の読み書きが強いストレスになるとの医療的判断から中学1年の3学期に定期テストで代読を試したが，代読は自分のペースで読めないことや代読者により読み上げる速さが異なり，それを修正することに負担を感じることを理由に本人が継続を希望せず中学2年の1学期で中断している。

（2）アセスメントとICT導入

　中学1年の9月に先端研で読み書きのアセスメントを行った。URAWSSで視写速度は23.3文字／分で平均以下（－1.5SD以内），黙読速度は，204.0文字／分で平均の半分の速度であった。しかし，内容理解は全問正解であった。読む速度は著しく遅いが内容は理解できている。また，STRAWでは読みに関しては問題が見られなかったが，カタカナおよび漢字単語の書字が著しく苦手（－1.5SD以下）であった。

（3）タブレットPCの通常級への導入

　中学2年の2学期から通常級へのタブレットPCの持ち込みを許可され，タブレットPCでノートをとることと，授業中に配布されるワークシートへの記入

に活用している。ワークシートは授業前に担当の先生からメールで送られてくるファイルにタブレットPCで上から書き込み，メールで送り返す。また，授業中のみ電卓の使用が許可されており，電卓を使って数学の授業に参加している。定期テストでは中学3年から学校のパソコンに先生からもらったWordファイルを入れ，問題文をWordの音声読み上げ機能で読み上げ，解答はキーボードで入力している。

（4）これからの課題

本事例では授業中のみ電卓の使用が許可されているが，定期テストでは使うことができない。数学の授業や試験の中で計算することの代替を認めることは，国語の中で漢字の書き取りを代替していくこと以上に学校では理解され難いことのようである。国語の試験で漢字の書き取りの代わりに漢字の知識を問う代替問題が認められた事例がある（前節のB君の事例参照）ように，数学でも四則演算を電卓で代替していくことが認められるべきだと考える。

また，本事例では学校が通常級でのタブレットPCの使用を許可しているものの，教科担任制をとる中学校の特性によって，対応策が共有されにくく，先生によって対応が異なるという問題が生じている。本人と関わる教員全員に学校の対応方針を情報共有し，一貫した対応をとる必要があるだろう。

（5）本事例のポイント

通常級へのタブレットPC導入には，そのタブレットPCが，何に，どのように使われ，それに教員がどう対処するのかというルールが必要である。特に，教科ごとに担任が変わる中学高校では，本人と学校とが合意した対応を教員全員が共有する必要がある。

Cさんは文章を読むためにそれを音声化することが必要である。それには，代読か，タブレットPCの音声読み上げ機能の使用の2つの選択肢がある。この2つが補う機能は同じであるが，実際に本人が経験する読みの体験は大きく異なる。代読は簡便で設備や知識なしにすぐに実現できるというメリットがあるが，利用者が代読者に言葉で指示する必要がある。本人にとってなるべく制約の少ない方法が選べるように調整する必要がある。

4 高校入試でキーボード利用が認められた書字障害のあるD君

(1) 背景

　D君は，小学1年の頃から，書きに困難さを感じていた。読みは得意で，小学校低学年の頃には，既に大人向けの本を何冊も読んでいたという。小学校は，特別支援学級（以下，支援級）に所属していた。好奇心が強く，また勉強への意欲は高かった。苦手な書きについては，小学校の頃は，母親に代筆してもらって学習するというスタイルが定着していた。また，D君は感覚過敏があり，大きい音が苦手だったり，においに過敏であったり，人が多い場所も苦手であった。

　中学校へ進学するにあたり所属学級を選択する際，D君自身が感覚過敏により通常級での学習は厳しいと判断したため支援級に進んだ。支援級では耳栓の利用や，私服で登校することを許可してもらっていた。そのような配慮はあったものの，中学1年の1学期に数日登校した後，登校できない日々が続いた。D君は，家庭学習の必要性を感じ，中学2年の4月から通信教材を利用し始め，学校の定期考査の日のみ登校するというスタイルが3年間続いた。

(2) アセスメントとICTの導入

　D君は特に書字に困難さがあった。小学5年時に先端研で「小学生のための読み書きスクリーニング検査」及び「書字速度測定」，「キーボード入力速度測定」を実施した。その結果，漢字は全く書けず，書字速度は学年平均の倍以上の時間がかかっていた。キーボード入力速度は，ちょうど同学年の書字速度平均と同程度であった。これらの検査結果を受けて，D君は，それまでは代筆で補っていた書きの部分を，iPadやパソコンを用いてキーボード入力するという方法に移行していった。中学に入学する頃には，日常の書字はキーボード入力に置き換えるというスタイルが定着していた。

（3）教室でのICT利用

　中学校入学当初から，D君は定期考査を支援級の個室でパソコンを使って受験していた。D君は読みが得意であったため，問題用紙は紙のまま用い，解答のみExcelを使って解答していた。解答後，プリントアウト及び見直しまでを所定の時間内に行っていた。数学では，Excelの数式エディタの機能を使って，複雑な数式を入力する方法を身につけていた。作図などの問題は，口述筆記で解答していた。このようなD君の様子を見ていた中学校の校長先生は，キーボードがあってこそD君の力が発揮されることをよく理解していた。校長先生は，D君が中学1年の時から，県の教育委員会にD君の状況を報告し，高校入試の時にもキーボードを利用するという方向性で話を進めていった。

　中学3年になりD君は，志望校を県立の進学校に決めた。実際に志望校が決定した中学3年の秋からは，高校入試と進学に向けた話し合いが開かれた。話し合いに参加したのは，中学の校長先生と担当教諭，県教育委員会，志望校の入試担当者，D君と保護者，先端研の担当者であった。D君は，授業に出席しておらず内申点がつかなかったため，入試の学力検査で高い得点が必要になるという説明を受けていた。本人もそのことに納得していた。

　入学試験では，当初から申請していたパソコンの利用が認められ，5教科全てをキーボード入力で解答した。ただし，数学の図形の作図など，キーボード入力では表現が難しい解答に関しては，口述筆記を利用した。漢字の書き取り問題は，代替問題として複数の同音異義語の中から正しい熟語を選択する問題に替えられた。受験全体を通してまとめると，以下のような配慮が認められた。

1）検査会場を別室とする
2）検査会場までの経路を他の受検者とは別に設定し，誘導等配慮する
3）「検査についての諸注意」等について，文書でも併せて提示する
4）車での送迎を認める
5）耳栓の使用を認める
6）学力検査の際，PCで解答する事を認める

7）問題により解答等についての口述筆記を認める
8）漢字の書き取りについて代替の問題で受験することを認める
9）PC等を設置するため広い机を使用する
10）面接の際，目が合わせられないなどの本人の行動について担当者に周知し，許容する

　試験の結果，D君は見事合格。第一志望の高校に入学することができた。

（4）これからの課題

　入学して半年経つ現在，D君は毎日休まず高校に通っている。高校の授業は，知的好奇心を大いに満たしてくれるそうで，本人も学校で勉強ができることに，心から喜びを感じているという。

　高校生活は，学校側と相談し，午後から登校することが日常となっている。午前中の授業が受けられていないため，当然，出席日数の不足により単位のとれる科目数も少なくなるわけだが，D君は，「3年間で卒業しようと思っていない。5年間はかかるかもしれないが，自分のペースで単位を積み重ねて卒業しようと考えている」と話している。また一方でD君は，高等学校卒業程度認定試験にも挑戦を始めている。現在の高校で勉強を積み重ねつつ，不足する単位は高卒認定試験で補うという方向も考えているそうだ。

（5）本事例のポイント

　公立高校入試でキーボード利用が認められたのは，私たちとしても初めての事例であった。その背景には，まず，書字検査の結果，困難さが具体的に数値で示されたことにより，中学校側がD君の困難さに納得し，D君が定期考査で毎回キーボードを利用できていたという実績があった。また，校長先生がD君の入試の配慮について，積極的に県教育委員会に説明をしてくれたこと，そして県教育委員会が，事前の入試準備と試験実施のサポートを積極的に行ってくれたことが，今回の入試の実現につながったと考えている。

　また，高校側が，D君のユニークさを好意的に受け止めており，入試での配

慮は通過点に過ぎず，入学後のD君のサポートをどのように行っていくかということに重きを置いていたというところも，大きなポイントである。高校としても，D君のような生徒の受け入れは初めてであるが，D君の声に真摯に向き合い，支援方法を日々相談しながら進めている。一般に，入試をゴールと考えてしまいがちだが，大切なのは入学後の学びにあるということを，D君の高校生活を通して，あらためて強く感じている。

第8章

高校・大学入試での
ICT利用の事例

門目紀子・平林ルミ

1 高校の通常級でパソコンのキーボード入力でノートをとるEさん

(1) 背景

　Eさんは定時制高校の2年生である。小学6年の時，Eさんは，自分が感じている書字の困難について相談するため先端研に来室した。先端研で読み書きのアセスメント（URAWSS）を行うと，書字速度が小学3～4年程度であることがわかった。自分で書くことの代替として，板書をカメラで撮影したり，パソコンのキーボード入力でノートをとるなどのアドバイスを受けた。

　少人数の環境で自分のペースで勉強をしたいという本人の希望から，中学校は適応指導教室に通った。Eさんは，手書きで文字を書くよりキーボード入力で文字をつづるほうが疲れずに勉強ができること，また，自分の表現したい文章を書くことができると感じていたため，主に家庭学習でパソコンを活用し，勉強をしていた。その後，定時制の高校へ合格したEさんは，高校では学校でもパソコンを使って勉強をしたいと考えていた。

(2) 授業へのICT導入

1) カメラの導入

　Eさんは学校へ書字の困難さがあるため，パソコンのキーボードを使い，ノートをとりたいと伝えた。Eさんの要望を許可するかについて，支援会議が開かれることになった。会議にはEさんとその母親，校長，副校長，担任，支援コーディネーターの教員が参加した。会議の結果，パソコンの利用は保留となった。その代わり授業中に板書を撮影する許可が出た。

Eさんはカメラで記録を取りながら授業を受けた。しかし授業では教師の言った言葉や授業の大事なポイントなど，手書きを必要とする場面が多かった。Eさんは，書くことが間に合わず記録ができないことがあった。

2）パソコンの導入

　Eさんは，授業中手書きでメモをした情報が，板書のどの箇所に必要なのかを忘れないようにするため，放課後に撮影した板書のデータの画像を見ながら授業中に書いた手書きのメモを使って，手書きのノートを作成していた。しかし，時間が経つと手書きのノートでは何を書いているのかがわからなくなってしまうので，Eさんは家に帰ると，手書きのノートと撮影した板書の写真を見ながら，パソコンの「Microsoft OneNote」を使い，ノートを作成していた。この作業は，数時間もの時間が必要だったが，Eさんがノートをとるために必要な作業だった。しかし，だんだん疲労がたまっていき，授業に参加したものの，内容に集中して授業を受けることができなくなっていった。

　Eさんは，自分がパソコンで使って作成したノートを担任に見せ，パソコンを筆記用具として持ち込み，キーボードを使ってノートをとりたいと，再度相談した。しかし，特に進展がなく1学期が終了した。

　Eさんは，夏休みに，カメラの利用だけでは，授業内容を記録するのが難しいこと，最初からパソコンを使ってノートをとると，疲労せずに授業に参加できることを説明する資料を作成した。そして，学校に提出することにした。9月，パソコンの持ち込みと使用について，会議が開かれることになった。会議の結果，「自習室での持ち込みと使用については許可をする。ただし，授業中に機器を使用してよいかどうかは，各教科担当の先生が決める」ということになった。

　Eさんは，早速パソコンを学校へ持って行くことにした。最初は，カメラで板書を撮影し，手書きでメモをとり，授業が終わると自習室に行き，パソコンでノートを作成していた。Eさんの勉強熱心な姿を見て，だんだん教科担任の先生たちにもEさんの学習にパソコンが必要なことが理解されていった。そして3学期には，全ての教科でパソコンの使用が許可された。

　Eさんは，2年へ進級した。現在は必修授業だけでなく，選択授業など，全ての授業においてパソコンを持ち込み，ノートをとって授業を受けている。

（3）試験へのICT導入

　Eさんは，入学後，授業中の配慮と共に，試験についても配慮を希望した。学校より，「初めての定期考査は，配慮なし（紙での実施，手書きでの記入）で試験を受けて，結果を見て配慮を決定する」と連絡を受けた。

　Eさんは，配慮なしで定期考査を実施した。試験の結果は平均点をとることができた。しかし，Eさんは，感じた負担の大きさから，パソコンで試験を受けたいという気持ちが更に高くなった。Eさんは，配慮なしで試験を受けた感想と，依頼したい配慮希望を記載した書類をパソコンで作成し，学校へ提出した。記載した内容の概要は，以下のとおりである。

・選択問題が多くて，書いて試験を受ける方法でもやりやすかった。

・解答用紙に記入する問題では，書く欄を間違ってしまうことが多く，書くことに時間がかかり，時間内に書ききれないことがあった。

・書くことの疲労が積み重なり，試験に集中しづらくなった。

　しかし，その後の期末考査でも，パソコンの利用は保留となった。理由は，Eさんが配慮なしの状態で，学年の平均点をとっていたため，書くことの配慮は必要ないと学校が判断したからである。ただし，Eさんの「書く欄を間違う」という困難さに対応するため，学校は，国語・英語という書く課題が多い教科は，解答用紙の拡大の配慮を行うことを提案した。Eさんは，拡大用紙を使用し，試験を受けることにした。

　その後も，パソコンの利用を相談したが，これ以上の配慮をする必要性が感じられないということで，解答用紙の拡大のみの配慮を受けており，進展がない状態である。

（4）これからの課題

　Eさんは，書字の代替として，授業中でのパソコンの利用が認められたが，試験ではパソコンの利用は認められていない。Eさんは，パソコンを利用するこ

とで自分の能力が出せることを，標準化された読み書きのアセスメントの結果を学校に示して，継続して説明・相談をしている。このケースは，学校側に書字障害の理解と知識がなく，Eさんからの自己申請に学校側が困惑したことが課題である。相談から回答までに，時間がかかったことで，Eさんの学びの時間が失われ，適切な評価がされていない可能性がある。

（5）本事例のポイント

　本事例のポイントは，本人が必要な配慮を積極的に自分の言葉で求めたことである。また，自分に必要な配慮を相手にわかるように伝えるため，専門家のアセスメントの結果も活用して，説明文書を作成した点も特徴的である。

　しかし，学校側が教科担当の教師に配慮の可否の決定権を渡してしまったことで，学校内での判断が教師ごとにまちまちになってしまったり，決定までに長い時間がかかってしまったりしたことが問題として挙げられる。Eさんは，配慮の申請を続けているが，決定までに長い時間がかかった場合，配慮を求めることをあきらめてしまう生徒もいるだろう。

　また，授業中は使用が許可されても，試験では使用が認められなかった。試験で配慮が認められれば，本来Eさんが持つ学力達成度の結果が得られた可能性もあり，そのような結果が得られるか試しておく必要があったのではないだろうか。学習場面と試験場面で一貫した支援の提供が求められる。

2　高校の通常級でパソコンを持ちこみ，教科書の電子データを使って学んでいるFさん

（1）背景

　Fさんは，定時制高校の2年生である。発達性読み書き障害（ディスレクシア）があり，印刷物を読んで理解することが難しい。Fさんは，自分の知りたい情報を知るために，パソコンの音声読み上げ機能を用い，文章を耳で聞いて内容を理解している。

　Fさんの読み書きの困難さがわかったのは，病弱の特別支援学校に在籍していた中学3年のときである。皆勤賞で学習意欲があるにもかかわらず，成績に

結びつかないことに，担任の先生が疑問を感じ，声をかけた。Fさんは，担任の先生に，「文章を目で見て内容を理解することには困難がある。しかし，耳で聞くと内容が理解できる」と話した。担任の先生はFさんの話を理解し，学習方法を，代読やプリントを利用して勉強する方法へと変更した。その結果，Fさんは学習することに自信を得て，成績の向上もみられるようになった。

(2) アセスメントとICT利用の導入

　Fさんは，ヘリコプターのパイロットになるという将来の夢を持っている。Fさんは，自分の将来の夢を叶えるためには，まず高校への進学が必須だと考えていた。しかし，配慮がなければ，自分は確実に進学できないと不安を抱えていた。Fさんは，担任の先生に相談し，先端研に学びを支援する方法について相談に行くことになった。

　先端研で，読み書きのアセスメントURAWSSを行うと，読みと書きの速度は，小学1年程度であることがわかった。また，課題を代読で実施すると，通常会話の1.5倍の速度で内容を聞き取り，また，理解できることがわかった。その際，パソコンの音声読み上げソフトを紹介され，活用のアドバイスを受けた。Fさんは，担任の先生と協力し，代読やパソコンの読み上げ機能を用い，耳から情報を得て，勉強に打ち込んだ。

　Fさんは，夏休みに，志望校の入試問い合わせ先に電話をかけ，代読もしくは，パソコンの読み上げ機能を用いて入試が受けられないか相談した。志望校からは実際に会って話をしたいと返事をもらい，Fさんは，担任の先生と共に志望校を訪問し，読み書き障害の診断書を提出し，自分の読み書き障害の現状を説明した。また中学校で受けている読み書き支援の実績を説明した。

　志望校は，Fさんの読み書きの障害の状態を理解し，入試試験の実施方法として，別室での受験，代読による読み上げを許可した。Fさんは，配慮内容を承諾して入試を受けた結果，合格し，志望校へ入学できた。

(3) 教室でのICT導入

1) パソコンの持参・利用

　Fさんは，高校入学後，担任の先生に相談し，授業中，パソコンの読み上げ

機能を利用したいこと，ワープロでノートをとりたいことを伝えた。

　学校側は，Ｆさんの所持しているパソコンを持ち込んで，利用することを許可した。学校がパソコンの利用を許可した理由は以下の２点であった。

　1つ目は，Ｆさんがパソコンを活用して勉強するスタイルを確立させていたことである。自分が必要なときに，パソコンを使用できるため，教師が特にすることはなにもなかった。

　2つ目は，学校の授業に使用する課題や試験問題は，教師がパソコンで自作しており，テキストデータを持っていたためである。担当教員は，データをＦさんに渡すだけで，特にすることはなかった。

　Ｆさんは，現在，担当教員より，課題のデータを受け取り，自分のパソコンに入れ，パソコンの読み上げ機能を使用して内容を理解したり，テキストを打ち込んだりして，授業や試験を受けている。

２）教科書の電子データの利用

　Ｆさんは，課題やテストは，電子データを教師からもらって，勉強することができていた。しかし，授業で使用する教科書は，紙媒体のものしかなかったため，読むことができず困っていた。

　夏休みに，Ｆさんは，先端研に相談しに行き，そこで教科書の電子データを配信するオンライン図書館「AccessReading（アクセスリーディング）」を紹介された。AccessReadingの配信している教科書データは，Wordで開くことができるDOCXファイルがあったため，Ｆさんは，全ての教科書を，Word形式の教科書データを，音声読み上げ機能を用いて勉強している。

　Ｆさんに電子教科書の必要性について聞くと，「教科書の電子データがないと，自分には読み上げてくれる人がいつも必要になる。しかし，現実的に人を配置することは難しいから，勉強をあきらめることになる」と述べた。また，教科書の電子データを利用することについては，「自分の目で見ると，見間違いがあるのではないかを確信がもてない。しかし，読み上げを利用することで『こうだ！』と確信がもてる。表なども全てテキスト化されているので，読めない箇所がないことが嬉しい」と述べていた。さらに，全教科の電子データが全て必要なのかと質問をしたところ，「主要5教科と同じように他の教科も読めると

便利である。意外と保健体育などの教科が，教科書を利用することが多い。今までは，何て読むんだろうと思っていたが，どの教科でも同じように読めるようになった」とのことだった。「教科書データは完璧ではない，だけど必要不可欠なものだ」とFさんは言う。「数式は正しく読み上げてくれず，羅列された数字を読み上げるだけだ。それでも数字を読み上げてくれることが便利と感じている。何が書かれているかを見間違うことや見落とすことがなく，正しく知ることができるので」とも述べていた。

3) 試験でのパソコンの利用

Fさんは入学後，学校に授業中と同じくパソコンの読み上げ機能を用いて試験を実施してほしいという希望を伝えた。試験においても，各教科担任がパソコンで作成していたため，Fさんは，電子データをもらい，パソコンの読み上げ機能を用いて受けることが学校から許可された。ただし，国語は，漢字の読みがわかってしまうため，全ての文字を読み上げてしまうパソコンの読み上げ機能は，使用不可とされた。そのかわり，教員が必要なところだけ，代読で試験を実施することが許可された。

また，試験に使うパソコンは，不正がないように，学校側が用意したパソコンを利用すること，予測変換機能を無効にすること，インターネットにはつながないこと，キータイプの音が周りの生徒に影響するかもしれないので，別室で受験すること，という条件が学校から求められた。これらの条件をFさんは了承して，試験を受けている。

(4) これからの課題

Fさんは，学内の授業・試験では，配慮を得て受けることができている。これらに加えて，将来大学に進学することを目指しているFさんは，自分の実力を知るため，今後模試を受けたいと希望しているが，具体的な取り組みはこれから始めるところである。

このケースは，本人の希望と，学校側の環境があったため，すばやい対応・支援がなされている。しかし，教科書の電子データを得ることはできたが，電子化された副教材などを手に入れる手段がないことが課題である。また，国語

の試験については，全て問題文を読み上げてしまうという理由で，パソコンでの試験の実施ができていない。人間が読む代読では，読む速度に限界があるため，時間がかかり，本人はパソコンの読み上げ機能の利用を希望している。入試への機器利用の理解も課題として挙げられる。

（5）本事例のポイント

本事例でポイントとしてあげたいのは，まず，本人が学びたい意欲を持っており，自分から積極的に音声読み上げ機能などの代替手段を用いて学習していたことである。また，相手に自分の読み書きの困難さがわかるように，上手に周りの人や診断書等資料を活用したことも挙げられる。

しかしFさんと同じように，代替手段のスキルを活用できるくらいまで達している学生はまだ少ないだろう。また，全ての学校が今回と同じようにデータを提出してくれるとは言いがたい。配慮を得るまでに時間を必要とするだろう。早期からの代替手段の併用と，代替手段を用いた学びへの理解が求められる。

3 大学入試の二次試験で，時間延長の配慮を受けたGさん

（1）背景

Gさんは，国立大学の1年生である。数学者になる夢をもっており，高校は，地元の進学校に通っており，国立大学へ進学を目指していた。

Gさんには，自閉スペクトラム症の障害がある。日常生活を送る上では，特段困難を感じていなかった。しかし，長時間文字を書くことに苦痛を抱いていた。例えば，原稿用紙に文章を書いて提出する課題では，文字を書くことに数時間も時間を必要としていた。

高校2年のとき，Gさんは，先端研主催のプログラムに参加した。そのプログラムの中で，障害によって生じる困難に対して必要な配慮を求める合理的配慮という考え方を知り，自分も書字の配慮を求めたいと思った。

（2）授業へのICT導入

　高校2年のとき，Gさんは，まず自分には，読み書きの困難さがあるのかを知るため，病院に相談に行った。授業での様子や困っている様子を医師に話したところ，書字障害の診断を受けた。その際，医師からは，長文を書く必要がある場合は，ワープロで文章を作成する配慮を得ることが良いとアドバイスを受けた。

　Gさんは，学校へ「授業や試験，入試で，パソコンのキーボードを使って勉強したい」と配慮の相談をした。その際，病院からの診断書を提出し，医師からのアドバイスを伝えた。担任からは，過去にパソコンを利用した入試の前例を知りたいと質問された。Gさんは，先端研に説明のバックアップを依頼し，先端研のスタッフと共に，授業や試験でのパソコンの利用についての前例を学校へ説明し，パソコンのキーボードを使って試験を受けたいと伝えた。

　学校の見解は，授業中のパソコンの使用については，許可はされなかった。しかし，長文を写し書きする必要がある国語，英語の宿題においては，パソコンの使用が許可された。

（3）試験・入試へのICT導入

1）模試・定期考査へのパソコン導入

　パソコンを使用した試験の実施，入試への配慮ついては，Gさんとその保護者，学校の先生とで，会議が開かれることになった。会議の結果，まず記述式の模試にて，パソコンを利用した試験の実施を行うことになった。

　模試を受けたGさんは，「国語・英語・歴史は，文字を書く量が多いため，キーボードを使って試験を受けたい。その他の科目は，書く量は少ないので，手書きで試験を受けたい」と学校へ伝えた。学校は，了承し，記述式の模試，また，定期考査において，国語，英語，歴史の教科について，パソコンの利用を許可した。

2）大学入試試験へのパソコン導入

　高校3年になったGさんは，センター試験でのチェック解答，二次試験での

パソコン利用を申請するため，書字障害の診断書と，学校での支援の実績をまとめた書類を，大学入試センターと，志望校の障害学生支援を担当する部署へ送った。大学入試センターからは，Gさんの書字の困難な状態について，具体的に説明をしてほしいと質問がでた。Gさんは，知能発達検査「WAIS-Ⅲ」と「KABC-Ⅱ」の結果を提出した。その結果，センター試験でのチェック回答は承諾され，Gさんはセンター試験を受けた。

しかし，二次試験先の志望校からは，「配慮なし」の決定通知が届いた。Gさんは，配慮がなされないことに疑問を持ち，大学へ問い合わせた。すると，大学からの返答は，「英語の試験の実施にて，センター試験と同じく，チェック解答を認める」という連絡が届いた。Gさんは，国語やその他の授業に，何も配慮がなされない結果に疑問をもち，再度申請の連絡を入れた。最終的に，パソコンを利用した受験は許可されなかった。しかし，国語と英語の試験においては時間延長を行う，と決定の連絡が入った。Gさんは時間延長の配慮を受けて受験し，結果，志望校に入学した。

（4）これからの課題

大学へ入学したGさんは，自分の好きなように授業でパソコンを使用している。パソコンを使用したレポートを提出することも，当たり前となっている。

しかし，高校の授業や入試においては，パソコンの利用は許可がおりなかった。一貫した支援体制が構築されていないことが課題として挙げられる。

（5）本事例のポイント

本事例のポイントは，自分で医療機関や専門家へアクションを起こし，自分に必要な配慮とは何かを考え，行動したことが挙げられる。また，自分に必要な配慮を相手にわかるように伝えるため，専門家のアセスメントの結果も活用して，説明文書を作成した点も特徴的である。

しかし，学校側が，機器利用への戸惑いがあり，授業と試験という学習において，一貫した支援が行われていなかったことが問題として挙げられる。

また，大学入試において，小論文はパソコンを用いた試験の前例が出てきているが，学力試験でパソコンを使った受験は，書字障害の枠においては認めら

れていない。「本質的にその試験問題が測ろうとしている能力は何か」を関係者で共有して，本質的ではない部分はテクノロジー利用を認めて，障害のある人も参加できる教育機会を作っていくことを考える必要がある。

4 大学入試センター試験で代読が認められた読み書き障害のあるH君

(1) 背景

　H君は読み書きに困難を抱える大学1年生である。H君は大学入試センター試験において，問題文を第三者が読み上げる代読という受験上の配慮を受け，大学に進学した。H君とは小学6年のときに読み書きに関する相談が先端研にあり，それから約7年間の関わりがある。以下，H君の小学6年から大学受験まで，それぞれの教育段階で配慮を得てきた経緯を記す。

　小学校時代はH君が自身の読み書きの困難さに気づいていった段階である。相談開始時，H君は公立小学校の通常級に在籍していた。読み書きの困難さに気づいたのは小学4年の時，漢字テストの成績が悪く，居残りで漢字の反復練習をしたにもかかわらず定着しなかった。小学5年から支援員が読めない漢字を読む，漢字にルビをふるという支援を受け始めた。

　小学6年時に先端研で読み書きのアセスメントを受けた結果，文章を読む際に行を飛ばす，漢字の誤読や文末の勝手読み（「ました」を「ます」と読み違える）があるといった読みの困難と，漢字が正確に書けない，写し書き（黒板に書かれたものをノートに書く）に時間がかかるといった書き困難が明らかになった。そこで，先端研から家庭でのICT利用（パソコンでの音声読み上げ機能とワープロ機能の利用）を提案された。しかし，この段階の情報提供だけでは家庭にICT機器の環境を構築するには至らなかった。

　中学校の3年間はH君が定期試験での配慮内容を模索していった段階である。中学1年6月に保護者から先端研に，「家庭学習を一定量行っており，学習内容もある程度理解している様子にもかかわらず定期試験で成績が悪い」という相談があった。その要因は，問題文の読み誤りや読み飛ばしがあること，時間が足りず全ての問題に回答できないこと，漢字での解答が求められる問題に仮名

でしか回答できないため誤答になることが挙げられた。そこで，中学1年8月に家庭のパソコンに音声読み上げ環境を導入し，家庭で音声読み上げ機能を利用した学習を開始した。10月～12月に詳細な評価（詳細は後述する）を行い，その結果を学校に情報提供し，定期試験で読み書きの代替（代読もしくは音声読み上げの利用と代筆もしくはワープロ機能の利用）を求めた。その結果，3学期から中学卒業まで別室において代読で定期試験を受けることが認められた（詳細は後述する）。代読で試験を受けるようになってから，国語・社会・理科で平均点との差が25点以上向上した。

　中学3年7月にH君が高校入試を代読で受けることを希望し，中学校の方から県の教育委員会に高校入試での配慮申請を行うことになった。そして，中学3年8月末に読み書きアセスメントの結果と代読が中学校での定期試験の成績に与えた効果をまとめたものを提出し，高校入試での配慮申請の資料とした。その後，中学3年1月に代読での受験が認められ，公立高校に合格した。

　高校3年間はH君が音声読み上げの利用を本格化した段階である。高校に入ってからは，教科書は先端研のAccessReadingから電子教科書の提供を受け，日常的な家庭学習はパソコンの音声読み上げ機能（Microsoft Wordのアドインソフト「和太鼓」）を使って行った。他方，定期試験では代読か時間延長かを本人が選んで試験を受けることが認められており，H君は試験範囲の内容によって文字量が多い場合は代読，化学式や数式が多い場合は時間延長を試験前に申告していた。

　高校2年時に本人が音声読み上げ機能を使って試験を受けたいと希望し，高校の先生に相談していた。高校側はそれを受けて，代読と音声読み上げのどちらが本人の力を発揮できるか試行することになり，化学の試験で音声読み上げ機能を用いて定期試験を受けた。その結果，音声読み上げ機能によって成績は大きく変わらなかったが，その後も音声読み上げ機能を試しながら，その効果をモニターするという工程を経ながら高校生活をすごした。こうした試行錯誤もあり高校3年時には大学入試センター試験で，受験上の配慮として，音声読み上げ機能の利用を希望するに至った。

（2）読み書き困難と認知特性のアセスメント結果

　H君の読み書きの困難に関しては，「問題の読み取りに時間がかかり時間が足りなくなる」「問題文の読み誤りや読み飛ばしが生じる」「漢字での回答が困難である」という主観的報告がある。

　客観的評価に関しては，読みの流暢性は，中学3年の高校入試での代読措置申請時にURAWSSの読み課題を実施している。結果は，476.1文字／分の読み速度であった。この結果は少なくとも小学6年の平均を上回る速度ではあるものの，文章を音読させると形の似た漢字の読み誤りが生じることを確認している。書きの速度は小学6年時に測定し，6.4文字／分と平均と比べて著しく遅かった（－2SD以下）。また，中学1年時にSTRAWで習得度を測定した結果，音読課題ではひらがな・カタカナ・漢字ともに平均内であった。他方，書取課題はひらがな・カタカナは平均内であるものの，漢字において著しく成績が低かった（－1.5SD以下）。

（3）H君が代読で定期試験・入学試験を受けるまでの経緯

　ICT機器を通常学級の中で使う際，本人が人と違う方法を受け入れていくのが必要ということは，第1章や他の事例でも述べられている。H君もまた，中学校の定期試験を代読で受けることを自ら決めるまでには時間がかかった。

　まず，中学1年の3学期に学校側が定期試験で別室での代読という配慮をすると伝えたとき，本人はそれを拒否した。理由は，試験時に自分の不在を友人に説明できない，みんなと違う方法が必要だと周りに知られたくない，というものだった。そこで，保護者と学校がとった対応は，「まずは代読で困難が軽減できるかどうか試してみよう。風邪で休んだことにして保健室で受ければいい。友だちには言わなくても大丈夫」というものだ。それに納得したH君は，代読で定期試験を受けた。試験後帰宅して様子を聞いたところ，「（代読は）けっこうよかった。今度も風邪で休んだことにして代読で受けたい」と答え，その後も代読で定期考査を受け続けるに至った。

　中学3年になると高校入試を想定した総合テストが実施される。学校側はH君に対しこの総合テストの際に，配慮を受けていることを周囲に説明してはど

うかと提案した。本人も「そろそろみんなに説明してもいいかな」と思っていたこともあり，その提案を受け入れることができた。そして，担任教員からクラスメイトにH君が代読で定期試験を受けていることが説明された。

中学1年〜3年にかけてH君と学校側とが確立した代読の手続きは以下の3つに集約される。

①代読者が受験者の隣にいて，受験者が指定した箇所を読み上げる。
②代読者は問題文に示された図や資料および傍線部の位置を指し示す。
③漢字の読み方を問う問題や，英語の発音問題など解答に直接つながる部分は，出題者があらかじめ「読んではいけない箇所」として蛍光ペンで明示し，代読者はその部分の読み上げを行わない。

中学3年時に上記の代読手続きをH君と確認しながら，H君が実際どのように代読をしてもらっているのかを知るために，筆者が代読者となって試験でのやり取りを再現した。その結果，H君は問題の該当部分および周辺部のみを代読し，文章全体を読んでもらっていないことがわかった。H君はその理由として「全てを読んでもらうと時間がなくなってしまう」と答えていた。代読者にもっと速く読んでもらうように依頼してはどうかと提案したところ，「先生にもっと速く読んでくれとかもう一度読んでくれとか，細かく指示するのは言いにくくてできない」と答えた。

さらに，H君にとって代読のメリットを尋ねたところ「自分は読むのが遅いので，代読してもらった方が速く問題を読むことができる」，「自分で読むとスピードが遅いのと正確に読むことができないために，問題文や問題を推測して読むので不正確になる。しかし，代読してもらって耳で聞くと間違いがない」と述べた。さらに代読のデメリットを尋ねると「もっと速く読んでほしい」「読んでもらっても時間が足りない」と述べていた。

代読は特別な機器が必要なく，音声で聞くことが効果的かどうかを試して見るための方法として簡便である。本事例において，中学校でまずは代読を試してみることが実現できたのも，その簡便さによるものと考えられる。しかし，H

君のように音声が文章を読むための主要な手段である場合に，その速度は本質的な問題となる。アナウンサーの話す速度は1分間に350文字程度だが，タブレットPCの合成音声（製品名「しゃべるんです」）でのH君が快適と感じた速度は1分間に620文字を読むスピードであった。したがって，H君がより快適に文章を読むためには代読よりも音声読み上げ機能の利用の方が効果的である。

　H君は，大学入試センター試験での受験上の配慮として，パソコンでの音声読み上げ機能の利用を申請した。大学入試センター試験は毎年9月に「受験上の配慮案内〔障害等のある方への配慮案内〕」を公開し，そこに必要な書類（受験上の配慮申請書，診断書，状況報告書）を記載している。したがって，障害のある受験生の場合，通常の受験生よりも早く，10月前半には出願のための準備を始めなければならない。H君も10月前半には上記書類を揃え，申請した。

　12月の初めに大学入試センターから回答があった。結果は，受験上の配慮として代読を認めるというものだった。その理由は，今回のH君の申請は「パソコンという機器の持ち込み」と「読むことの音声代替」とい2つのこれまでにない新しい要素があるため，一度に新しいことを2つ進めることは難しい，問題文が読めないというH君への受験上の配慮としては，代読をまず行うというものであった。

　今回，H君の受験上の配慮はH君の希望通りとはいかなかったが，H君の高校時代の実績や，「読むことの音声代替」に前例がないという現在の状況を考え合わせてのものだった。問題文にアクセスできないというH君の困難さを軽減するための方法として代読が認められたこと自体は意義がある。

　しかし，読みの困難を音声で代替していく際，代読では読みの速度を十分に補えないという本事例のような場合，試験での音声読み上げ機能を使用していくことが検討されてもよいだろう。

（4）本事例のポイント

　本事例は読むことの困難さを代替するために，文章の音声化を必要としており，定期試験において代読と音声読み上げ機能の利用という配慮を中学・高校で受けている。代読と音声読み上げの利用は音声化という共通の機能を果たす。しかし，実際にそれぞれの方法で試験を受ける際に本人が体験する内容は異な

り，それぞれメリット・デメリットが存在するため，それらを整理した上で配慮の方法が検討していくことがのぞましい。

　文章を目で追って読むことに困難があるものの耳で聞いて理解することはできるという場合，文章の音声化は有効な手段である。しかし，実際に定期試験で文章を音声化するためには，別室で代読してもらう・音声読み上げ機能を使うという，他のクラスメイトとは明らかに異なる方法を選んでいかなくてはならない。本事例において，代読や音声読み上げ機能の利用を選んでいくプロセスには時間がかかっている。その方法で日常的に学習を行い，実際の定期試験で利用し，それが自分にもたらす効果を実感することによって，自分に必要な方法を選択していったのである。

※**注釈**

(1) 読み上げソフト①「和太鼓」（Microsoft Word のアドインソフト）：「和太鼓」は，Wordにアドイン（追加機能）としてインストールして使用できるソフトウェア。特徴的な機能として，文章をハイライトしながら読み上げる，文字にフリガナを振るとフリガナを優先して読み上げる，行間などレイアウトの変更がボタン一つで可能等。入手先は，http://www.geocities.jp/jalpsjp/wordaico/wordaico.html

(2) 読み上げソフト② Text To Wav（テキストトゥーワブ）：Windows パソコンにインストールして使用できるソフトウェア。特徴的な機能として，文章をハイライトしながら読み上げる，クリップボードを読み上げるにチェックを入れると，コピーしたものを読み上げてくれます。また，音楽ファイル（MP3）への変換が可能。入手先は，http://www.vector.co.jp/soft/dl/winnt/art/se432694.html

(3) 合成音声エンジンについて：パソコンが音声読み上げをするためには，日本語を解析して音声化するためのシステム（音声エンジン）が必要。音声エンジンははじめからパソコンに内蔵されている場合もあるが，より高機能のものを導入することで，日本語の読み上げ精度が向上する。この音声エンジンとテキストリーダーと併用するとテキストの音声化が可能となる。アクセント調整はもちろん，音の高低や長さの調整など，高度な音声編集が可能。市販されているものは「しゃべるんです（xpNavo2）」(http://www.knowlec.com/?page_id=268 ナレッジクリエーション）や，「ボイスソムリエ・ネオ」(http://www.hitachi-solutions-create.co.jp/solution/voice/ 日立ソリューションズ・クリエイト）がある。

(4) AccessReading（アクセスリーディング）：東京大学先端科学技術研究センター内の大学図書室および人間支援工学分野が共同で運営しているオンライン図書館。障害により読むことに困難のある児童生徒に向けた音声読み上げ等ができる教科書・教材の電子データや書籍データが無償で提供されている（http://accessreading.org/）。

第9章

読み書き障害のある成人への活用事例
――現在と過去を振り返って

1 当事者として教員としての半生の反省より

神山　忠

1 私の第一言語は……

　きっと日本人なら「あなたの第一言語は？」と問われたら「日本語です」という回答になるだろう。しかし，私は，本当にそうなのだろうかと疑問に感じながら今まで生きてきた。
　言語の定義は難しいが，ここで言う言語とは自分が物事を理解し処理しやすいリテラシー的なものをさしている。「りんご」と言う聴覚情報が入ってきたときにどのように入力して理解しているかを例にして考えてみることにする。

　A：頭の中に「りんご」というひらがなが思い浮かぶ人。
　B：頭の中に「り・ん・ご」と音が響きわたる人。
　C：頭の中に「apple」とつづりが浮かぶ人。
　D：頭の中に「りんご」のイメージが浮かぶ人。
　E：頭の中に「りんご」を食べたことを思い出す人。

　など，細かく分類すると多様なリテラシーに分かれるであろう。このように文字や言葉の元となる理解しやすいリテラシーに目を向けると，必ずしも文字

や言葉が重要ではなく理解しやすい形態は多様であると分かり合えるといいのではないか。

　実は，私はDの「イメージで理解するタイプ」の人間だ。そんな私が日本語で「りんご」と書かれても「林檎」と書かれても，その文字からイメージにつなげるまでに時間と労力を要することとなる。しかし，りんごのイラストを示してもらえれば即理解につながる。このようなことから私にとっての第一言語は「イメージ」と言えるのではないか。

　その私が日本語の文字で表記された教科書で学習する場合は，他言語で書かれた教科書で学んでいる状況と同じである。想像してみよう，小学校に入学した児童が知らない国の言語で書かれた教科書で理科や社会を学習しているとしたら，学習内容にアクセスする前に言語の壁が立ちはだかり学びは思うように進まないことが理解できるのではないか。

　そのような学齢期を過ごしてきた私の半生を振り返ることで，今後どのような方向に向かっていくと誰もが自分の強みを生かして社会参加・社会貢献していけるかのヒントとなればと願っている。

2　小学生時代の作戦と出来事

　入学したころのことを思い出してみると，みんなの真似をすることでその場をやり過ごしていた。国語の教科書を一斉に読むときも，みんなの声に合わせるように少し遅れて小さめの声を発していた。それを繰り返すうちに文章を暗記するようになった。低学年の短い文章であれば，そうして記憶することで指名されて一人で読むときには何とか読めているように振る舞うことはできた。

　徐々に長い文章になっていくと，その作戦は効力を失っていった。そこで，次に取った作戦は分かち書きだ。分かち書きに書き直すことで，意味のまとまりを把握することもでき，息継ぎをする場所も分かり，多少は文字を文字として認識しやすくなった。

　しかし，すべての教科書を分かち書きに変えることは不可能だった。そこで次に取った作戦は，赤ペンで斜線を入れて区切っていくスラッシュ作戦だ。当初は，正しい位置で初めから斜線で区切ることができなかったので，間違えて

も訂正できるように鉛筆で区切ることをしていた。だがそれだと，印刷されている文字も黒色で鉛筆の色も黒色で，自分が区切った線と文字とが絡まってしまうように見え，より見にくい教科書になってしまった。そこで赤色鉛筆で区切るようにした。ここでも問題が発生した。色鉛筆の芯の太さは，通常の鉛筆よりも太く，太い線が入った紙面も見づらかった。最終的にたどり着いたのは，当時はまだ高価だった赤色のボールペンで区切ることに行き着いた。

　赤ペンで区切った教科書であっても，学年が上がっていくと行間が詰まってきて，一度に目に飛び込んでくる文字の量が多くて目まいを起こすような，乗り物酔いをしているような感覚に陥るようになっていった。そこで次に取った作戦は，定規あて作戦だ。読むべき行にあてて，目線がずれないようにするだけでなく，必要のない行の文字を隠すことで少しでも読みやすくした。初めは竹製の30センチものさしを使っていたが，当時の教科書の大きさには大きすぎたのでプラスチック製のちょうど良い長さの定規を使うようにした。しかし，それは透明だったので，見やすさの向上にはあまりつながらなかった。

　そこでたどり着いたのは，お土産のお菓子の箱をばらした厚紙を切って重ねて定規状のものを作った。これのポイントとしては，白いきれいな面が上になると光の反射（光沢）が集中力を削ぐことになったため，灰色の面を上になるようにして教科書にあてる必要があり，両面が灰色になるように貼り合わせてちょうどいい大きさと強度になるように作った。使い初めは，読む行の下にあてて次の行以降を見えなくする使い方をしていたが，気がつけばその定規状のものを2つ使って前の行も隠すようにあてて対応するようになっていた。そして最終的にたどり着いたのは，スリット状にくりぬく作戦だ。大きさ的にスリット状にすると筆箱に入りきらなかったので，二つ折りにした。その折り目は，スリットの中央ではなく，スリットの底面，つまり読む行の下にあてるところで折り目をつけて，必要に応じてその折り目を広げてスリットにしたり，折りたたんで定規状で使ったりしていた。

　小学4年の時にラッキーなことがあった。近所の電気屋さんから壊れたオープンリールの録音機をもらい受けた（デンスケと呼んでいたことを覚えている）。それまでもラジオやテレビなど壊れたものをもらっては，自分で分解して遊んでいた。そのオープンリールの録音機を分解して掃除をして組み立てると

問題なく使えるようになった。電気屋さんにそのことを伝えるとすごく褒めてもらえた。でもカセットテープが普及しだしたので、もうその録音機は必要ないということだった。ご褒美に新しい録音用のリールを何本かもらえた。そのデンスケに3歳年上の姉に教科書を読んでもらって録音して授業に備えることをした。しかし、録音した音声に合わせて教科書を目で追うのもなかなか難しかった。そこでページの変わり目になったら、わざとページをめくる音が入るように録音してみた。それだと見開きのページの変わり目が分からなかったのでカスタネット作戦を用いた。ページをめくるときには2回「カチカチ」、見開きのページの変わり目は1回「カチッ」と鳴らして録音することで、どこの部分を読んでいるのかが分からなくなることが防げた。これが私の特性に応じた機器活用の幕開けとなった。

3 中高生時代の作戦と出来事

　中学生になって、文字中心の学習に拍車がかかると私の困難さも当然増していった。そんな中でも数学だけは、比較的学習について行けた。数式だけの問題なら難なく解くこともできたし、何よりも文章題の解き方が分かった時に自信をつけた。

　文章題を読み解くことは困難だったが、文章題を模式化（図に起こす）ことは、コツをつかめばできるようになっていった。いくら長い文章題であっても文章の量的には知れている。それを自分の第一言語であるイメージに書き砕くことで数式に落とせ、解答できることに自信をつけていった。その手法を使って文章を白紙に図式化すれば、時間と手間はかかるが他の文章も正しく理解できるようになっていった。

　また、数学でフローチャートを学んだ時に「なんて分かりやすい表記なんだろう！」と感動した。「文章もこう表記されれば分かるのに……」と思った記憶がある。それ以来、ノートの取り方を変えた。それまで「黒板を写しなさい」「ノートを取りなさい」と言われると写生をするかのように書き写していた。しかし、それは自分で書いた文字であるのに自分で読み返すことのできないものだった。それがキーワードを書き出し、その位置関係、意味合いを線でつない

で表記する，いわゆるマインドマップ的なノートの取り方にした。それを復習時に時系列等に応じてフローチャート式にまとめ直して自分のものにしていった。

高校1年の時に姉からカシオのポケコンをもう使わないからともらえた。ディスプレーは半角12文字1行しか表示されないが，BASICでプログラミングできる電卓の進化版だった。それを使って，独学で数学の問題を解くプログラムを作ったことがある。同じような問題が何問の出される宿題を一気に済ましたいと考え，方程式をプログラムにして変数のみ入れれば，解答が出るだけでなく，途中の式も表示されるものを作った。そのころから機器への関心は高まっていった。

こうした得意分野もあったが，図式化しにくい教科はなかなか点数が取れなかった。しかし，第一言語がイメージである私であっても，文字を字面としてとらえ「この文字のかたまりは，あのイメージと同じこと……」と言う形で字面と意味，音と意味，字面と音それぞれを関連付けて自分の中に語彙を蓄積していくことは意識して取り組んでいた。つまり，英単語を習得するかのように語彙の獲得を日本語であっても心がけていた。これもあってか小学校時代の教科書をこの時期に振り返って見てみると，意外と意味がくみ取れるようになっていた。語彙が増えたことと小学校の教科書の行間，文字間，文字の大きさ等がようやくこの時期になってこなせる段階に至ったのかも知れない。つまり，自分に合った書式で，自分の処理できる語彙であれば時間がかかるが処理できないわけではないと考えられる。

4 社会人・大学生になってからの作戦と出来事

いろいろとあって自衛官となった私は，文字による教育から解き放たれて力を発揮することができた。口頭による教育と実物操作しながら体で習得する自衛隊の訓練は自分の学びにぴったりとマッチしていた。そこで自信をつけた私は「自分のように学齢期に苦しむ子どもは自分を最後にしたい」と思うようになり夜間の短大に通い教員を目指すことにした。運良く夜間の短大の入試は社会人枠で受験でき口頭試問と面接のみだった。筆記試験ではなく口頭で答える

試験は，私の力の表出に合っていて何とか合格することができた。

　夜間の短大では，自分の得意な方法を用いて単位を取っていった。講義はすべてマイクロカセットテープに録音し，板書は写真で撮影した。当時の写真はフィルムのカメラしかなかったが，ハーフのカメラと言うものがあった。24枚撮りのフィルムでもその倍の48枚から50枚くらい撮影できた。黒板と白チョークでの板書の撮影はモノクロフィルムで対応できた。それを現像して引き伸ばし字面を読み取れるようファイリングした。そして時間があれば録音した講義を3倍速で聞きながら撮影した写真を見て学習を進めた。

　教員免許も取得し卒業することはできたが，なかなか教員採用試験に合格することはできなかった。3年間かけてひたすら勉強した。他県の問題，過去の問題を，時間をかけて徹底的に取り組んだ。もちろん教員採用試験に合理的配慮はなかった，しかし，自分で白紙の持ち込みを試験官に申し出た。その用紙を計算用紙のように文章題を図式化すれば正しく問いを理解して答えられるからだ。だが前例がないと言うことで認められなかった。そこで，問題用紙の裏面や余白を使い，問題の解読作業をしてから回答することで合格に至った。

5　教員になってからの作戦と出来事

　教員になってより文字の扱いが必至だった。ICT機器がない時期は，時間をかけてアナログ的アプローチで取り組んでいた。助かったのは，ワープロの普及で手書きの文字ではなく活字の文字が増えてきたことだ。手書きよりも処理しやすかったうえ，データでもらって文字を大きくしたり行間，文字間隔，書体を変えたりして見やすいレイアウトにして対処していた。

　中学校の技術科の教員になった私が，たまたま雲形定規を使って製図をしていたときのことだ。透明で黄色の雲形定規が乗っかった部分の文字が，くっきりと見え文字として認識でき目に飛び込んできた。それ以来スリットの代わりに黄色のプラスチックシートをつかうようにして文字に向かうようにした。

　徐々にICT機器が進歩し，それに合わせて読み上げ機能，OCR機能，分かち書き機能などを使うようにして勤務に支障のないようにしている。それは，今でも進化し続けている。また，ネット社会の恩恵も活用し調べ物をしても読み

上げ機能で知りたい情報に難なくアクセスすることができている。それと同じくらい利用しているのは，コールセンター（ヘルプデスク）だ。困ったときには，各企業のコールセンターにためらわずに電話するようにしている。そうすれば取扱説明書が解読できない場合であっても，その製品を手元に置きながらコールセンターへ問い合わせることで文字を介さずに使いこなせるので助かっている。

また最近は，Webサイトでの「よくあるご質問（FAQ）」やメールフォームでの問い合わせが充実してきたので非常に助かっている。

6 支援者としての作戦と出来事

読み書き障害と言っても一人ひとりその困難さや特性は様々だと感じている。そこで大切にしているのは，本人の思いだ。学齢期の相談の場合，保護者の思いが先行してしまうこともある。それも受け止めながら最優先するのは本人の思いでなければならないと心している。その思いを聞いて行く過程で個人内要因と環境要因が見えてくる。それがはっきりとしてきたら，本人に合う作戦を一緒になって考えていくようにし，自分の得意を生かしてその場をやり過ごせるようなスキルも身につけてもらえるように努めている。そして，その子に合うICT機器の活用法も積極的に紹介している。

また，環境要因に関しては学校と保護者と連携できる関係づくりをするとともに，どうした環境整備・環境調整をすることで学びの困難さを軽減できるかを模索し合えるよう努めている。

本人・保護者からの相談は，帰り際に笑顔で帰ってもらえないと改善に向かっていかない。そして，これが支援の模範解答と言うのはなく，私がいまだに自分に合う作戦を模索しているように，その年齢や環境，心情面に配慮してベターな作戦を開拓できることが重要だと考えている。そのためにも柔軟にICT機器等も活用できることを心から願っている。

2 「学べる自分」を取りもどすまで

井上　智・井上賞子

1 隠し続けてきた日々

　43歳で自分がディスレクシアだと知るまで，ずっと長いトンネルの中を歩いてきたような気がする。「わかる自分」を感じているのに，結果はいつも「できない自分」だった。「誰もが簡単にできること」ができないというのは，本当につらい。第一印象の「愛想のいい賢い子」，そんな評価は，「読み書きができない」とばれると，全て覆される。自分にとっての学校は，この「どんな評価も読み書きができないことを知られたら0になってしまう」ことを思い知らされ続ける場だった。そして，そんな絶望的な体験は，その後の生き方に大きく影響していった。16歳で学校を飛び出した後も，「読み書きができないことを知られたら終わりだ」という思いは，確信として自分をしばっていくことになる。

2 知らずに出会っていたICT

　学校を飛び出したばかりのころは，何より「これで読み書きから解放される」「もう勉強しなくていい」ことに，まずは安堵した。しかし，それは甘かった。生きていくためには，働かなくてはならない。そして，そこには必ず「読み・書き」があった。中学時代のように暴れてごまかすこともできない。自分のことがわからなかったころだ，手だてなんて何もなく，日々，嘘をついてその場をごまかし，ばれれば逃げるように職場を変えた。

　それでも，今思えば転機がいくつかあった。ビデオデッキの普及もその一つだ。字幕を追いながら画面を楽しむなんて，当時の自分には無理だったが，ビ

デオデッキのおかげで，巻き戻しと再生を繰り返しながら視聴することができた。同じ映画を何度も何度も見ながら「ああなるほど」とそのたびに発見しては，納得して進んでいくのは，楽しかった。

　当時，そんな意識はなかったが，この「字幕付きの映画を見続けた」ことは，自分にとって大切な「読みの学習」になっていたようだ。字幕にはルビはない。出てくる漢字を正確に読めていたわけではない。それでも，映像でイメージを補いながら文字を追っていくことで，「この漢字はだいたいこういう意味だろう」という予測もできた。今も続く「正確に音読することはできないが，黙読していけばだいたい意味は取れる」という状況は，ここでの学びが支えてくれたように思う。映像がなければ，到底読めなかった量の文字を，繰り返し読む機会が持てたことも大きいと感じている。

　一方で書くことは，いつまでたってもできないままだった。考えがあっても，それを文字にまとめていくことができない。浮かんでいる文字も，書こうとすると混乱する。文字を探しているうちに，書くべきことがわからなくなる。その繰り返しだった。

　ICTは，そんな自分の困難を巧みに隠してくれた。当時，カバンのように大きな携帯電話が出たばかりのころ，高額な通話料を払いながら，常にそれを持ち歩いた。メモする必要がある内容は，その場で会社に電話をして書きとらせた。最先端の機器を使うことで，「書けない自分」を見られる惨めさではなく「新しいものを効率的に使いこなす自分」をカッコよく周囲にアピールすることもできた。本当は，「書けないから書いてもらう」という代替えをしていたのだが，誰にも悟られず，それができた意味は自分には大きかった。

　そして，ワープロ，パソコンに出会う。「コピーペースト」と「テンプレート」は，衝撃的だった。様々な文例が掲載されたwebページにアクセスし，自分の用途を打ち込めば，立派な文章ができあがる。印字してきれいに打ち出された文書を見ながら「これがあれば，自分が読み書きできないなんて，だれも思わない」とつぶやいた。このころの自分にとってのICTは，「自分の弱点を隠すための」アイテムだった。救われたことは確かだが，苦しさは変わらなかった。

3 今の自分を支えるICT

(1) 仕事や日常の中で

　たくさんの仕事を転々とした後，自分は今，田舎で大工をしている。現場での仕事は，読み・書きと無縁な印象があるかもしれない。しかし，現実は違う。大きな現場では，常に設計の変更や確認があり，細かな数字や仕様をメモすることが求められる。自分だけで行う小さな現場でも，必要な建材や部品のメーカーや寸法などが現場の状況ごとに違うため，常に正確な情報を記録する必要がある。また，顧客の要望も口頭で伝えられる場合が多いため，メモは必要だ。

　かつては、その場ですぐにメモをしていく周囲を見ながら冷や汗をかき，手元を見られないように自分なりの記号で図示しながらしのいでいた。しかし，今は，カメラ機能と音声入力がそんな自分を補ってくれている。「必要な情報は，スマートフォンで写真に撮っておく」ことで，いつでも正確に取り出すことができる。部品の製造番号はもとより，スケールで測った数字も，写真に撮っておくことで間違うことがなくなった。写真にとれない口頭での指示は，その場で音声入力していく。日付ごとメモが残るので，確認も容易だ。

　何より，スマートフォンを出して撮影したり音声入力したりしている姿は，見られて恥ずかしくない。ぐちゃぐちゃのメモを，たどたどしく人前で書くのが嫌で，必要な情報を記録できなかったころと，そこが大きく違う。

　また，ICTは自分の日常に新しい生きがいをくれた。

　あきらめていた「本を読む」ことも，読み上げを使うことで可能になった。データで提供されているものはそのまま，紙媒体のみのものは裁断して自炊することで，自分でデータ化して読んでいる。知りたかったこと，読みたかったことにアクセスできる喜びを，50歳を前にして知り，夢中になった。

　音を補うことで，負担少なく「読む」ことができるようになって数年，驚くことに「音がない」状態でも，読めるものが増えてきた。読みの困難は，自分から「読む」という経験そのものを奪っていたのだと実感している。

　また，「書く」にも劇的な変化があった。強力な助っ人になったのが予測変換だ。「こ」と入れたら「こんにちは」が選択肢に出てくる。この「選ぶ」という

方法は，とてもありがたい。鉛筆を持って唸っていた時とは違い，考えていることを文章にしていくことが，タイムラグなくできていく。最近は，毎日SNSに日常で感じたことを書きこんでいるが，自分の考えたことをそのまま文字にできることは，本当に楽しい。そして，「日常的に書く」機会が増えたことで，「読み」の時と同じく，「書く」こと自体のハードルが下がっていることも実感している。

(2)「学ぶ」を取り返すために ―― 夢だった大学への挑戦

　自分がディスレクシアだと知った時，最初に感じたのは「たくさんのあきらめた夢」への激しい後悔だった。子どものころから感じていた，「自分はわかっている」という思いは間違いではなかったと知った時，「だったら自分も進学したかった。大学生になりたかった」と強く思った。

　そんな願いを捨てきれず悩んでいたころ，特修生という制度があることを知った。この制度を採用している大学で決められた期間に所定の単位を取得すれば，正科生として大学の入学を認められるという制度だ。「これだ！」と思った。

　しかし，特修生といえど，単位を取るためにはレポートと試験がある。どちらも「手書き限定」と言われたら，そもそも挑戦することすらできない。今の自分の読み・書きは，ICTの支えがあって成り立っている。それを取り上げられることは，「わかっている」を閉じ込められていた子ども時代と変わらない。レポートとテストでのパソコンの使用が認められなければ，得た知識を出力する術がないのは明確だった。そこで，大学に問い合わせたところ，「学習障害を持つ学生への支援実績はないが，そうした配慮があれば学習できるというのであれば許可する」という連絡があった。やっとスタートラインに立てた気がした。

　当初，テキストは自炊しての読み上げを考えていたが，10月現在までは，なんとか自炊をせずに勉強してきている。とはいえ，テキストだけでは厳しいのはいうまでもない。読みの困難はもとより，学習空白が途方もなく長い自分にとっては，一般教養としての語彙にも課題が大きい。そこで活用しているのが，ネットの動画サイトだ。テキストの名前や課題となっているテーマで検索し，

とにかく何本も動画を見る。このテキストで学習する内容を，大まかでいいからイメージしていくのだ。それからテキストを読み始める。読みながらまた難しい言葉が出てきたら，動画を探す。辞書機能で意味を調べることもできるが，それよりもキーワードを動画で確認していくほうが，内容が入ってくる。

 イメージを持ちながら読み終えたら，次はレポートだ。いくら文章が書けるようになってきたとはいえ，根拠が求められたり，学んだことを正しくまとめていったりというのは，未知の世界だ。今は，妻にテンプレートを作ってもらい，その書式に当てはめて打ち込んでいきながら，まとめている。多少ギクシャクした文章にはなるが，今の自分には精一杯だ。

 レポートを出すと，すぐに試験勉強にかかる。ここからは孤独な戦いだ。ここまで来ると，想定課題で問われている内容はすべて理解している。しかし，試験で「文章に書いて伝える」ためには，練習が必要だ。まずは，iPadに作った解答を映し，それを見ながらパソコンで同じ文章を打っていく。テキストに出

写真9-1　iPadに表示させた解答の読み上げを聞きながら
　　　　　パソコンで打ち出しているところ

てくる言葉は難しく，ひんぱんにどう入力すればこの文字が出てくるのかがわからなくなる。ここでも「音」の情報が助けてくれている。選択読み上げを使うことで，読みが耳に入る。ああそうだったと打ち込んでいく（写真9-1）。音を補いながら打ち出していくと，不思議と頭に入っていく。そこからは，仕事をしている時も，休憩している時も，車の運転をしている時も，とにかく何度も繰り返して聞いていく。文章としてのイメージを頭に叩き込んでいくのだ。

　最後に，自分が書いた文章を「読み上げ」で聞いていく。見ただけではわからなかった不自然な部分も，聞けば「あれ，ここ？」と気づくことができる。そこをもとの解答を見ながら修正していき，また「読み上げ」で聞いて確認する。

　試験前の一週間は，この「出力する」練習でほぼ明け暮れる。「全く同じでなくても大丈夫」と言われても，いったいどこまでが許容範囲なのかわからないのだから，安心はできない。「できるだけ作った解答のままで答えたい」と思って練習を繰り返す。すると面白いもので，書いたこともない難しそうな文体が，ぎくしゃくと自分の中で動き出していくことがわかる。

　実際の試験では，パソコンの使用とUSBでの提出・別室での試験・読み上げ機能の使用を認めてもらっている。本当にありがたい。

　たくさんの人の支えがあって，特修生というチャンスをもらった。やりたかったこと，なりたかったものに向かえることの幸せを実感しながら，来春には正式な大学生になっている自分を目指していこうと思う。

4　自分にとってICTとは

　かつてICTは，自分の弱点を「かくすための」アイテムだった。手に入れた喜びは，いつも切なさと隣り合わせだった。

　でも，今は違う。ICTは，自分の世界を大きく広げてくれた。知りたかったこと，伝えたかったことはたくさんあるのに，入力も出力も苦手でそれができずにいた自分を，閉じ込められていた場所から解放してくれた。「読める」も「書ける」も，ICTがあることで，スタートできた。そして，学習機会が増えたことで，50を過ぎた自分でも，読み書きの力そのものが向上している実感がある。

気になる情報があれば，調べて読み進める，必要なことは随時メモを取る，書くことを楽しみ，時には書くことで発散する。こんな自分を10年前までは想像もできなかった。自転車操業の試験勉強ですら，たまらなく楽しい。
　望んでも，あの苦しくもがいていた子ども時代に帰ることはできないことはわかっているが，「この方法に子ども時代に出会えていたら」という思いを消し去ることは，きっとこれからもできそうにない。だからこそ，かつての自分のような状況で苦しんでいる子どもたちには，「今」この方法に出会わせてあげてほしいと，願わずにはいられない。「他の子が使っていないから」なんて羽根をもぐような酷なことを言わないでほしい。
　自分を受け入れてくれた大学のように，子どもたちの進む先は，どんどん柔軟になってきている。自分の挑戦が，後に続く子どもたちの役に少しでも立てることを願いながら，方法を手にしたここからの日々を大切にしていきたいと思う。

【引用・参考文献】

井上智・井上賞子（2012）読めなくても書けなくても勉強したい―ディスレクシアのオレなりの読み書き．ぶどう社．

第10章

通級・特別支援学級・特別支援学校での活用事例
── 教師がどう関わったか

1 特別支援学級での活用
──中学への移行支援につなげて

井上賞子

1 Mさんについて

　Mさんに出会ったのは，彼が自閉症・情緒障害特別支援学級の6年生の春だった。高機能自閉症とLDという診断が出ているお子さんだった。彼との関わりからは，手立てを持つことの効果はもちろんのこと，そうした学び方を支えていくことの責任を改めて考えさせられた。

　Mさんの事前の状況は以下のようなものであった。

・書きに困難があり，整った文字を書くことは難しく，書こうとしない。
・読みに困難があり，読むことへの抵抗感が大きい。
・コミュニケーションに苦手さがあり，自分の思いを言葉にしたり，周囲と思いを伝え合ったりすることができにくく，時に激しい不適応を起こす。

　6年生の4月の段階で，保護者からも「読解は低学年のものでも難しい」「漢字は定着しておらず，毎年4月には1年生のドリルを渡されている」と聞いていた。3年生以降の激しい不適応の状態の中で，そもそも学習の成立自体も困難

な状況であったことも伺われた。しかし実際に授業を始めてみると、Mさんの理解力の高さに驚かされた。学年の内容の学習が可能な状態でありながら、従来の学習方法では苦手さの大きい部分が壁になり、学習機会の保障が図られていなかったと思われた。

2 介入と効果

　Mさんの6年生という学年や、学習への強い拒否感、読み・書きの困難の状況を考え、「できる」という見通しからスタートできる介入を試みた。

> ①「読み」の底上げと見通しを支えるツールとして
> 　→「Voice Of Daisy」「i暗記」「例解学習国語辞典」「漢字ドリル」「Safari」を活用
> ②「書き」の見通しを支えるツールとして
> 　→「小1かん字ドリル　楽しく学べる漢字シリーズ」「カメラ」を活用
> ③考えをまとめるツールとして→「Simple Mind＋」「7notes」を活用
> ④思いを伝え合うツールとして→「By Talk」を活用
> ⑤自己解決の拠り所としてのノートテイクとして
> 　→「OneNote」「PowerPoint」を活用

　①～④まではiPadを使用し、⑤はWindowsタブレットを使用した。
　読みの状況は、読みあげソフトを使ったり、音との一致を促しての熟語の学習に取り組んだり、動画を活用して内容をイメージ化してから読んだりすることを繰り返す中で、大きく改善した。卒業時には、6年間で学習する熟語がほぼ読める状態になり、しだいに6年生の教科書を使った学習が可能になっていった。
　また、書きの状況も、確認の方法が持てたことや、代替えとしてのキーボード入力の活用が進んだことで、想起できる文字が増えた。手書きの場面でも自分から漢字を使おうとする様子が見られたほか、込み入った内容はキーボード

を使ってまとめていくこともできるようになっていった。

　ICTは，入力にも出力にも困難が大きかったため，自分の本来の力を出せずにもがいていたMさんに手だてを与えてくれた。「できないから課題を易しくしていく」という関わりの中では向上してこなかった学びは，できる見通しを持っての学習の積み重ねの中で，どんどんと伸びていった。そして，4月当初，「学習の成立そのものが困難」とまで言われていたMさんだったが，不適応はみられなくなり，日常生活も安定していった。

3　中学への移行

　前述の①〜④までの取り組みを通じて，Mさんにとって，ICTを活用することは，彼の学び方を支える大きな前提であり，中学でも同様の支援があることは，学びのスタートラインに立つ上で重要だと思われた。しかし，彼が進学する中学では，当時まだ機器を使っての学習支援への対応は未知数だった。

　そこで，彼が学びのスタートラインにスムーズに立つために，Mさん自身が，①方法の有効性と学びの見通しを感じる体験を重ねる中で，「自分にとって学びやすい方法がある。こう学びたい」と求めることができるようになること，②操作のスキルをつけて，機器操作の補助を過度に必要としないこと，という「思い」と「スキル」の2つの力をつけることで，機器導入へのハードルを下げていきたいと考えた。

　具体的には，中学での学習を見据えて，どの教科でも共通して活用できる手だてとして，Windowsタブレットを使ってのノートテイクに取り組んだ。

（1）OneNoteを活要してのノートテイク

1）情報の入力場面で

　手書き，テキスト入力，画像や動画の挿入など，多様な方法でノートをとることができたため，場や用途に応じて使い分けていった。手書きだけであれば，何のことかわからなくなってしまう情報も，画像を添えることで，どんな学習場面で，何をした時のものかということが明確になった（図10-1・次頁）。

　Windowsタブレット上では，2画面の表示ができることも，学習への取り組

みやすさを支えた。Mさんはノートアプリと辞書アプリを画面上に同時に表示して，調べながらノートアプリに結果を記入していくことができた。

2）情報の共有場面で

　Mさんのアカウントを共有することで，私のパソコンから彼のノートにアクセスすることができる。そのため，確認やまとめ用のプリントをあらかじめノートに貼っておいたり，家庭で取り組んだ学習内容を遠隔で確認したりする

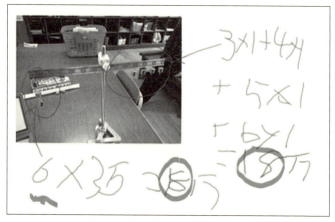

図10-1　画像に手書きを添えたノート

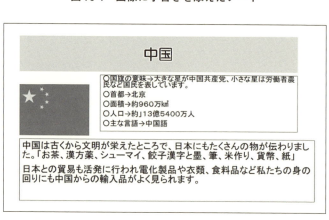

図10-2　PowerPointに調べたことをまとめたノート

ことも容易にできた。

　遠隔での学習内容の共有は，卒業後のサポートでも使える手立てになることが予想されたため，週末の宿題をこの方法で提示，提出することで，経験を重ねた。また，学習時間に視聴したり練習課題に取り組んだページのリンクを管理したりもできるため，復習したい時も，すぐに必要な情報にアクセスできた。

（2）PowerPointを活用してのワークシート

　情報をまとめていく際，ワークシートを使うことはよくある。Mさんにとって活用しやすいワークシートが提案できれば，様々な場面で使えるのではないかと考え，PowerPointのスライドマスター機能を使って，ワークシートを作成した。PowerPointで作成したワークシートであれば，他の子と同じ内容に，紙と鉛筆を使うことなく，カメラとキーボードを活用して取り組むことができる。内容が増えたり，細かな数字が入っていたりしても，この方法であれば，後から見返して確認できるようにまとめることが可能になった（図10-2）。

4　かかわりを振り返って

　Windowsタブレットを導入したのは，卒業まで半年を切った10月の半ばだった。正直，「どこまでいけるのか」という不安もあったが，Mさんはあっという間に新しい機器を使いこなし，「こうすれば自分はできる」という自信は，学習姿勢そのものも変化させていった。

　水溶液の実験の学習を行った際，いつもは個別で学習しているところを実験の準備の関係もあって，6年生の学級の中に入って授業を受けたことがある。その際，Mさんはタブレットを持って授業に参加した。他の子が理科ノートに書いていくのと同じように，集団の中で，彼はタブレットに記録をしていったのである。かつては，「同じ方法でできないならやらない」「皆と違う方法は見られたくない」と，かたくなだった子である。この変化は，「自分の学び方としての納得」と「この方法があればできるという自信」のあらわれだと感じた。

　機器の活用と入力のスキルについては，日常的に取り組んできたこともあり，担任がついていない自習や家庭学習の場面でも，一人で立ち上げて課題を取り

出し，調べてまとめて保存して終了するだけでなく，トラブルが起きた際も，複数の解決方法を試すこともできるようになった。キーボード入力はもともと早い子だったが，熟語がどんどん定着していったこともあり，予測変換をうまく使いながら，手書きよりも早く正確に打ち込むこともできるようになった。

「思い」と「スキル」の準備は，充分ではないものの，Mさんのがんばりでぎりぎり間に合ったのではないかと思う。現在，中学においてもiPadアプリを使っての学習方法や，Windowsタブレットを使ってのノートテイクは，活用が継続しており，Mさんの学習の成立を支えている。

しかし，現実の課題は，やはり進学後にならないとわからないものも多い。そこで，Mさんが進学後も，市が行っている小中一貫の取り組みを活用しながら，中学と連携しながらの支援を継続している。機器の使い方のフォローや教材の作り方，音声をつけたテストの作成の仕方など，課題が出てくるたびに，情報を共有したり，具体的な方法のレクチャーに通ったりしてきている。目指したのは，「バトンパス」のような「点」の接点で終わらない，「のりづけ」のある移行支援だ。Mさんの学び方が保障されることは，彼が学習のスタートラインに立つ前提であり，途切れることのない移行が必要だと考えている。

Mさんは今，課題を抱えながらも，5教科全て中学の学習内容に取り組み，定期テストも受けている。高校進学やその後の就労にも夢を持ち，自分から中学への要望を交渉する姿も出てきている。「なりたい自分，やりたいことのある未来」に向かって，顔をあげて進み始めている。6年生の4月，「低学年の学習もままならない」と言われた子が，1年後には中学の学習に取り組んでいる。この現実の突きつける課題は大きく，深く自戒しなくてはならない。

「方法をもつこと」「その子の学び方を尊重すること」の効果と責任の重さを，Mさんは今も伝え続けてくれている。

【参考資料】
魔法のワンド成果報告書　http://maho-prj.org/?p=864
魔法の宿題全国セミナー公開資料　http://maho-prj.org/?cat=20

2 通級指導でのICT利用

高橋順治

1 通級指導とICT

(1) 通級指導とは？

　通級指導とは，小学校や中学校の通常学級に在籍し，ほとんどの授業を通常学級で受けながら，障害の状態に応じて特別な指導を週1〜8単位時間程度，行うものである。（ただし，LDとADHDの子どもについては，月1〜8単位時間程度行う）子どもの在籍校に設置された通級指導教室に通う「自校通級」や他校に設置された通級指導教室に通う「他校通級」がある。

　通級指導では，主に障害による学習上または生活上の困難を改善，克服するために自立活動が行われるが，障害の程度により，各教科の内容を補充するための指導が行われることもある。

(2) 通級指導とICT

　通級指導では，子ども一人ひとりのニーズに基づき，個に応じた指導がねらいに応じて「個別の指導」や「グループによる指導」の形態で行われるが，近年，通級指導においても，ICT機器を活用して，教育的効果をあげようという取り組みが広がっている。

(3) 実践事例

　よく使われるようになったのは，教科書を読み上げるアプリ「Voice of Daisy」を使用したり，Microsoft Wordにアドオンで「和太鼓」を組み込んで

用いたりして，教科書等の内容を音声として聞いて，学習の概観をつかんだり，予習したりするものである。また，作文では，マッピングアプリの「Simple Mind+」を使って下書きを行い，それをWord等のワープロソフトで打ち込んで清書をしたりしている。

　紙と鉛筆を使った漢字のドリル学習を行いにくい場合には，「常用漢字筆順辞典」を用いて，漢字になじみ，「書く」よりも「見て読んで」覚える学習を行ったりしている。あるいは，ICT機器に内蔵されているカメラや音声入力，ビデオ撮影等の内蔵機能を活用して，ノートテイキングの代わりとしている。

2 乗り越えるべき問題点

（1）認知スタイル，学習スタイルの確認を

　子どもたちにICT機器を使う場合，まず知能検査や認知検査（WISC-VI，DN-CAS，KABC-Ⅱなど）を行って，子どもたちの認知スタイルや学習スタイルを調べておくと，ICT機器をさらに有効に活用することができる。しかし，現状では，費用がかかったり，講習を受けないと使用しにくかったりする等の関係で，まだ十分には利用されていないようである。行動観察や子どもたちとのやり取りから，ある程度，推察することもできるが，やはり，きちんとアセスメントを取ることが必要である。

（2）管理統制型ICT教育からの脱却を

　ICT機器を導入するにあたって，Windows系のタブレットの場合，公教育における平等性の問題やウィルス対策等の危機管理の点から，教育委員会でシステムエンジニアが管理者権限で市町村の機器を一括で管理をするということが現状では多い。また，全国的にみた場合，インターネットへの接続制限等，ネットワーク環境への整備が不十分であると言われている（国立大学法人宮城教育大学附属特別支援教育総合研究センター，2014）。

　しかし，そうなると，日々，開発されている新しいアプリを子どもの状態や指導目標に応じて現場の判断で柔軟に導入することが難しく，せっかくのICT

機器の魅力を半減させてしまうことになりかねない。各通級指導教室の担当者が，最大限の教育効果をあげられるよう，ICT機器の際の様々なバリア（障壁）を取り除いてもらうことを切望する。

（3）デジタルとアナログの使い分けを

ICT機器が導入されると，「せっかく導入したのだから……」とか「有効活用しなければ……」などの気持ちが先走り，とにかくICT機器ありき，になりがちである。やはり，子どもたちの実態に合わせて，ICT機器でアプリを使う場合と従来の紙と鉛筆ベースの教材と使い分けていくことが大切である。

たとえば，作文を指導するときに，マッピングアプリに音声入力と組み合わせて使用すると，下書きから清書へスムーズに流れるが，衝動性が高く自己抑制するのが苦手な子どもでは，ICT機器に内蔵されている他のアプリへの興味が止められなくて，うまく活用できない。その場合は，大型の付せんにメモを書いて，それを並べ替えていく方法が有効である。

【引用・参考文献】

国立大学法人宮城教育大学附属特別支援教育総合研究センター．（2014）発達障害のある子供たちのためのICT活用ハンドブック：通級指導教室編（平成25年度文部科学省委託授業）．

3 特別支援学校での学校図書館の活用

山口　飛

1 教科書に関する困り感とこれまでの取り組み

　肢体不自由の子どもたちの中には，上肢の機能的な制限によって教科書を開くことやページをめくることができない，あるいは極端に時間がかかったり，過度に労力を要する子どもがいる。また視覚情報の処理が苦手で，教科書の文章や図表を読みづらい子どもも多い。このような困り感に対して，本校では学習者用デジタル教科書を活用した実践に取り組んできた。

　活用に向けてデジタル教科書を作成するまでの主な手順としては，①教科書を裁断，②スキャナーで読み込みPDFファイルなどに出力，③タブレット端末等に転送して専用のアプリケーションに保存，となる。

　しかし，教科書を複製してデジタル教科書を作成するには，当然著作権の問題が関わる。そのため本校ではこれまで著作権法第30条（私的利用のための複製）の規定に準拠して，保護者の協力を得た上で作成を行ってきた。ただ，この方法では毎年教科書が変わるたびに保護者の協力を得る必要があり，紙の教科書との併用を希望する場合はもう1冊ずつ教科書を購入してもらわなければならない。そのため作成までに時間がかかり作成自体ができないケースもあり，今後も学校として継続した支援が行えない懸念があった。

　そこで解決策として，新たに同法第37条3項に基づいたデジタル教科書の作成に取り組むこととした。

2 学校図書館を活用した作成とデータの提供

　著作権法37条3項は，視覚障害者その他視覚による表現の認識に障害のある者（以下，視覚障害者等）に対して，公表された著作物（教科書を含む）についてその利用が困難な場合に，同法施行令第2条に定める施設（学校図書館を含む）が複製することを認めるものである。この規定を依拠とすれば，これまでのように保護者に負担を強いることなく，学校図書館の機能を利用してデジタル教科書の作成ができる。

　このうち「視覚障害者等」について，同項のガイドライン（日本図書館協会ほか，2010）には「肢体障害」などが示されているが，この点については専門家の解釈が分かれるため，学校におけるデジタル教科書作成の法的根拠として不十分と言わざるを得ない。ただ，本校の実態がそうであるように，肢体不自由特別支援学校に在籍する子どもたちの中には，見え方に困難さを抱える子どもも多いため，その困難さを説明する検査（ROCFTやDTVPなど）の結果や医師・視能訓練士等の所見があれば，同項による複製が可能だと判断した。

　また本校では，先述のガイドライン（日本図書館協会ほか，2010）のほか，東京大学先端科学技術研究センターによるオンライン図書館AccessReadingのフォームを参考にして，教科書データを提供するための保護者の「同意書」と障害の状態に関する「申立書」を作成し，希望する児童生徒全員について署名と提出を求めた。その結果，取り組みを始めた初年度は，小学校1年から中学校2年までの教科書の一部をデジタル教科書として複製し，14名の児童生徒に対してデータを提供することができた。

3 デジタル教科書の活用による効果

　デジタル教科書の活用により，ある生徒は1分あたり平均162文字だった読字速度が，平均208文字（約3割増）まで改善し，飛ばし読みや読み間違いが4分の1以下に減った。またある児童は，活用によって教科書を読むのにかかる時間が平均11.7%短縮した。活用を始めて操作に慣れるまではこうした変化は期待できないが，実践を通して多くの子どもたちに活用による効果があること

がわかった。また，デジタル教科書を読むのにタブレット端末を用いれば，指1本で教科書を開きページをめくることができ，読みにくい箇所を拡大して表示することができる。読みにくさの改善だけでなく，こうした操作の簡易さが，子どもにとって「教科書を触りたい」動機にもなっている。また面倒な配線も要らず，準備や片付けも比較的楽にできることで，場所や時間を限定せずに学習の機会が確保でき，長時間の学習でも疲れにくいというメリットがあった。

さらに，作成の際にOCRソフトを用いて文章をテキストデータとして読み込んでおけば，文中の語句に線を引いてメモを加えたり，端末に内蔵された辞書で意味を調べたり，インターネットで検索することが可能となる。このような機能が加わることで，子どもにとってデジタル教科書は教科書にもノートにも資料集にもなり，自習が可能になった子どもも多くいた。

4 制度面の現状と今後

こうした取り組みは，2016年度からの障害者差別解消法の施行に伴って，合理的配慮の提供に関わる基礎的環境整備の一環として，公立の学校では当たり前になるだろう。また現在，文部科学省では「デジタル教科書」の位置付けに関する検討会議が行われており，同年12月までに結論が出される予定である。その結果，教科書と同様に義務教育段階における教科書データの無償提供も実現するかもしれない。

そのほか，留意すべき動向もある。TPPの発効に伴い，国内でも著作権の非親告罪が導入されことである。米国のフェア・ユースのような規定が国内法にない以上，本稿で紹介した複製の方法にも支障が生じる可能性があることに留意していただきたい。

【引用・参考文献】

日本図書館協会ほか（2010）図書館の障害者サービスにおける著作権法第37条第3項に基づく著作物の複製に関するガイドライン

近藤武夫（2012）読むことに障害のある児童生徒がアクセス可能な電子教科書の利用－日米の現状比較を通じた今後の課題の検討－，特殊教育学研究, 50 (3), 247-256

著者紹介 (執筆順)

近藤武夫	(こんどう・たけお)	編者・東京大学先端科学技術研究センター人間支援工学分野准教授
河野俊寛	(こうの・としひろ)	金沢星稜大学人間科学部教授
平林ルミ	(ひらばやし・るみ)	学びプラネット合同会社 代表社員
丹羽　登	(にわ・のぼる)	関西学院大学教育学部教授
太田裕子	(おおた・ゆうこ)	聖徳大学大学院教職研究科教授・元東京都品川区立第二延山小学校校長
金森克浩	(かなもり・かつひろ)	帝京大学教育学部教授
村田美和	(むらた・みわ)	高崎健康福祉大学人間発達学部講師
門目紀子	(かどのめ・のりこ)	東京大学先端科学技術研究センター人間支援工学分野学術専門職員
神山　忠	(こうやま・ただし)	岐阜市特別支援教育主幹教諭
井上　智	(いのうえ・さとる)	夢家工房 代表
井上賞子	(いのうえ・しょうこ)	島根県安来市立荒島小学校教諭
高橋順治	(たかはし・じゅんじ)	奈良県生駒市立生駒小学校教諭
山口　飛	(やまぐち・ひゅう)	沖縄県立大平特別支援学校教諭

監修者紹介

柘植雅義（つげ・まさよし）

　筑波大学人間系障害科学域教授。愛知教育大学大学院修士課程修了，筑波大学大学院修士課程修了，筑波大学より博士（教育学）。国立特殊教育総合研究所研究室長，カリフォルニア大学ロサンゼルス校(UCLA)客員研究員，文部科学省特別支援教育調査官，兵庫教育大学大学院教授，国立特別支援教育総合研究所上席総括研究員・教育情報部長・発達障害教育情報センター長を経て現職。主な著書に，『高等学校の特別支援教育Q&A』（共編，金子書房，2013），『教室の中の気質と学級づくり』（翻訳，金子書房，2010），『特別支援教育』（中央公論新社，2013）『はじめての特別支援教育』（編著，有斐閣，2010），『特別支援教育の新たな展開』（勁草書房，2008），『学習障害(LD)』（中央公論新社，2002）など多数。

編著者紹介

近藤武夫（こんどう・たけお）

　東京大学先端科学技術研究センター人間支援工学分野准教授。DO-IT Japanディレクター。広島大学大学院教育学研究科博士後期課程修了，博士（心理学）。広島大学大学院教育学研究科助教，ワシントン大学大学院工学部情報工学科客員研究員を経て現職。多様な障害（特に学習障害やADHD，自閉症スペクトラム等）のある人々を対象に，教育や雇用場面での支援に役立つテクノロジー活用や合理的配慮のあり方に関する研究に従事。著書に『知のバリアフリー――「障害」で学びを拡げる』（共著，京都大学出版会，2014），『情報社会のユニバーサルデザイン』（共著，放送大学教育振興会，2014），『発達障害の子を育てる本―ケータイ・パソコン活用編』（監修，講談社，2012），『バリアフリー・コンフリクト―争われる身体と共生のゆくえ』（共著，東京大学出版会，2012）など。

ハンディシリーズ 発達障害支援・特別支援教育ナビ
学校でのICT利用による読み書き支援──合理的配慮のための具体的な実践

2016 年 6 月 29 日　初版第 1 刷発行　　　　　　　　　　　［検印省略］
2021 年 12 月 28 日　初版第 4 刷発行

監修者	柘　植　雅　義
編著者	近　藤　武　夫
発行者	金　子　紀　子
発行所	㈱　金　子　書　房

〒112-0012　東京都文京区大塚 3-3-7
TEL　03-3941-0111㈹
FAX　03-3941-0163
振替　00180-9-103376
URL　https://www.kanekoshobo.co.jp

印刷／藤原印刷株式会社　製本／一色製本株式会社
装丁・デザイン・本文レイアウト／mammoth.

Ⓒ Takeo Kondo, et al., 2016
ISBN 978-4-7608-9546-5　C3311　Printed in Japan

金子書房の発達障害・特別支援教育関連書籍

子どもの特性や持ち味を理解し、将来を見据えた支援につなぐ
発達障害のある子の自立に向けた支援
―― 小・中学生の時期に、本当に必要な支援とは？

萩原 拓 編著　　A5判・184頁　本体1,800円+税

通常学級にいる発達障害のある子どもが、将来社会に出て困らないための理解や支援のあり方を紹介。学校でできる支援、就労準備支援、思春期・青年期に必要な支援などを、発達障害支援・特別支援教育の第一線で活躍する支援者・研究者・当事者たちが執筆。好評を得た「児童心理」2013年12月号臨時増刊の書籍化。

CONTENTS
- 第1章　総論・発達障害のある子の将来の自立を見据えた支援とは
- 第2章　発達障害の基礎知識・最新情報
- 第3章　支援のために知っておきたいこと
　　　　――発達障害のある成人たちの現在
- 第4章　自立に向けて学校でできる支援
- 第5章　思春期・青年期における支援の実際
- 第6章　自立・就労に向けて
- 第7章　発達障害のある子の家族の理解と支援

K 金子書房

自閉スペクトラム症のある子への性と関係性の教育
具体的なケースから考える思春期の支援

川上ちひろ 著　　A5判・144頁　本体1,800円+税

中京大学教授　辻井正次先生 推薦！

「性」の領域は、タブーや暗黙のこととされることが多く、発達障害の子どもたちにとって指導が必要な領域です。本書は、通常学級などに在籍する知的な遅れのない発達障害の子どもたちを対象に、「性」の問題を、そこにいる他者との「関係性」のなかで、どう教えていくのかについての実践的な内容が書かれています。多くの子どもたちと保護者・教師を助けてくれる1冊となるでしょう。

主な内容

第Ⅰ部　思春期のASDのある子どもの性と関係性の教育について
「性と関係性の教育」とは何か／思春期を迎えたASDのある子どもの性的文脈の関係の複雑さ／従来の「性教育」「性の捉え方」からの脱却／ASDのある子どもの性と関係性に関わる問題行動について／家族や支援者の悩み・陥りやすい間違った関わりについて／ほか

第Ⅱ部　具体的ケースから考える――ASDのある子どもの性と関係性の教育・支援
男女共通・どの年代でもあてはまる話題／とくに思春期の女子にあてはまる話題／とくに思春期の男子にあてはまる話題

金子書房の心理検査

自閉症スペクトラム障害（ASD）アセスメントのスタンダード

自閉症スペクトラム評価のための半構造化観察検査

ADOS-2 日本語版

導入ワークショップ開催！

C. Lord, M. Rutter, P.C. DiLavore, S. Risi,
K. Gotham, S.L. Bishop, R.J. Luyster, &
W. Guthrie　原著

監修・監訳：黒田美保・稲田尚子

　　　　［価格・詳細は金子書房ホームページをご覧ください］

検査用具や質問項目を用いて、ASDの評価に関連する行動を観察するアセスメント。発話のない乳幼児から、知的な遅れのない高機能のASD成人までを対象に、年齢と言語水準別の5つのモジュールで結果を数量的に段階評価できます。DSMに対応しています。

〈写真はイメージです〉

自閉症診断のための半構造化面接ツール

ADI-R 日本語版

■対象年齢：精神年齢2歳0カ月以上

Ann Le Couteur, M.B.B.S., Catherine Lord, Ph.D., &
Michael Rutter, M.D.,F.R.S.　原著

ADI-R 日本語版研究会　監訳
［土屋賢治・黒田美保・稲田尚子　マニュアル監修］

● プロトコル・アルゴリズム
　（面接プロトコル1部、包括的アルゴリズム用紙1部）…本体 2,000円＋税
● マニュアル……………………………………………本体 7,500円＋税

臨床用ワークショップも開催しております。

ASD関連の症状を評価するスクリーニング質問紙

SCQ 日本語版

■対象年齢：暦年齢4歳0カ月以上、
　　　　　　精神年齢2歳0カ月以上

Michael Rutter, M.D., F.R.S., Anthony Bailey, M.D.,
Sibel Kazak Berument, Ph.D., Catherine Lord, Ph.D., &
Andrew Pickles, Ph.D.　原著

黒田美保・稲田尚子・内山登紀夫　監訳

● 検査用紙「誕生から今まで」（20名分1組）………本体 5,400円＋税
● 検査用紙「現在」（20名分1組）……………………本体 5,400円＋税
● マニュアル……………………………………………本体 3,500円＋税

※上記は一定の要件を満たしている方が購入・実施できます。
　詳細は金子書房ホームページ（http://www.kanekoshobo.co.jp）でご確認ください。

ハンディシリーズ
発達障害支援・特別支援教育ナビ
柘植雅義 ◎監修

〈既刊〉

ユニバーサルデザインの視点を活かした指導と学級づくり
柘植雅義 編著
定価 本体1,300円+税／A5判・104ページ

発達障害の「本当の理解」とは
——医学, 心理, 教育, 当事者, それぞれの視点
市川宏伸 編著
定価 本体1,300円+税／A5判・112ページ

これからの発達障害のアセスメント
——支援の一歩となるために
黒田美保 編著
定価 本体1,300円+税／A5判・108ページ

発達障害のある人の就労支援
梅永雄二 編著
定価 本体1,300円+税／A5判・104ページ

発達障害の早期発見・早期療育・親支援
本田秀夫 編著
定価 本体1,300円+税／A5判・114ページ

学校でのICT利用による読み書き支援
——合理的配慮のための具体的な実践
近藤武夫 編著
定価 本体1,300円+税／A5判・112ページ

発達障害のある子の社会性とコミュニケーションの支援
藤野博 編著
定価 本体1,300円+税／A5判・112ページ

発達障害のある大学生への支援
高橋知音 編著
定価 本体1,300円+税／A5判・112ページ

発達障害の子を育てる親の気持ちと向き合う
中川信子 編著
定価 本体1,300円+税／A5判・112ページ

発達障害のある子／ない子の学校適応・不登校対応
小野昌彦 編著
定価 本体1,300円+税／A5判・112ページ

教師と学校が変わる学校コンサルテーション
奥田健次 編著
定価 本体1,300円+税／A5判・112ページ

LDのある子への学習指導
——適切な仮説に基づく支援
小貫悟 編著
定価 本体1,300円+税／A5判・108ページ

高等学校における特別支援教育の展開
小田浩伸 編著
定価 本体1,300円+税／A5判・112ページ

大人の発達障害の理解と支援
渡辺慶一郎 編著
定価 本体1,300円+税／A5判・112ページ

発達障害のある子のメンタルヘルスケア
——これからの包括的支援に必要なこと
神尾陽子 編著
定価 本体1,300円+税／A5判・112ページ

発達障害のある子ども・若者の余暇活動支援
加藤浩平 編著
定価 本体1,300円+税／A5判・112ページ

通級における指導・支援の最前線
笹森洋樹 編著
定価 本体1,300円+税／A5判・108ページ

※いずれも予価1,300円+税, 予定頁数104ページ　※タイトルはいずれも仮題です。

刊行予定
◆ 特別支援教育とアクティブラーニング　　　　　　　　（涌井　恵 編著）
◆ 発達障害のある子の感覚・運動へのアプローチ　　　（岩永竜一郎 編著）
◆ 外国にルーツを持つ子どもへの学習支援　　　　　　（齋藤ひろみ 編著）